Fritz Becker

So kochten wir in Berlin

Hölker Verlag

Widmung

Wenn der Autor in dieser Sammlung zum Ausdruck bringt, daß die alten preußischen Kochrezepte noch heute lebendig sind, so schreibt er damit seine eigenen Erfahrungen nieder. Ich lernte ihn in meinem Restaurant „Genueser Schiff" als Küchenchef kennen, wo er Rechnen, preußische Sparsamkeit und dennoch leckerste Menüs einführte. Bei den Gästen führte das dazu, daß sie sich, entgegen der Etikette, bei Tisch häufig über das gute Essen unterhielten.
Heute sind preußische Rezepte längst in die internationale Küche eingegangen. Sie in Berlin weiterhin als gültige Tradition zu erhalten, dazu möge dieser Wegweiser dem Liebhaber dienen.

Gabriele Brandt –
– Gräfin Waldersee

5 4 3 2 1
ISBN 3-88117-502-4

10. vollständig überarbeitete und ergänzte Auflage 1998
Grafische Neugestaltung: Christiane Leesker

Martinistraße 2, 48143 Münster

Printed in Belgium

INHALT

Alle Rezepte sind für 4 Personen berechnet.

ESSEN UND TRINKEN IM ALTEN BERLIN

»Ene jut jebratene Jans is ene jute Jabe Jottes«

Es fehlt nicht an früh gedruckten Ratgebern der urberlinischen Kochkunst in Brandenburg. Nicht wegzudenken ist das Kochbuch, „Wie man in Berlin z. Zt. der Königin Luise kochte", verfaßt von den Damen Jenny Sommerfeldt geb. Fontane und Elise Weber geb. Fontane, Verwandte unseres märkisch-brandenburgischen Dichterfürsten Theodor Fontane. Beide Damen stützten ihr Werk auf die Kochrezeptsammlung der Frau Auguste Fontane geb. Werner, welche die dritte Gattin von Pierre Barthélemy Fontane war, seines Zeichens Kabinettssekretär von Königin Luise.

Der Dichter Heinrich Heine beschreibt uns später in seinen Briefen die Delikatessen des seinerzeit löblich bekannten Hoftraiteurs Jagor, denn Heine war ein echter Feinschmecker. Er schreibt: „Ihr Götter des Olymps, wie würd' ich Euch Euer Ambrosia verleiden, beschriebe ich die Süßigkeiten, die dort aufgetürmet stehen, bei Aphrodite, oh kennet Ihr den Schaum der süßen Baisers?"

Wir finden in der Chronik „ein köstlich neues Kochbuch" der Frau Anna Wecker aus dem Jahre 1598. Anna Wecker war die Witwe des Arztes Johann Jakob Wecker, der in dem Nachlaßinventar als Verfasser des Werkes genannt ist. Im 17. Jahrhundert war in Berlin weder die französische noch die englische Küche tonangebend, wohl aber die böhmische. Dies ist aus alter Faktura nachprüfbar. Im Jahre 1606 ließ der Kurfürst seinen Koch Hansen in Prag ausbilden.

Darin zeigt sich, daß die Leiter der friderizianischen Hofküchen eine gehobene soziale Stellung hatten, sie rangierten unter den Chargen des Hofkalenders an bevorzugter Stelle. Der Bratmeister Mecho durfte sogar den Kavalier der Königinmutter markieren.
Friedrich Wilhelm II. war ebenfalls ein Feinschmecker. Sein Hofküchenmeister hieß Rieck und hatte die Gewohnheit, sich der Umwelt in Galauniform zu zeigen. Auch der hochwohllöbliche Magistrat nahm Riecks Dienste in Anspruch, wie von dem Geheimen Etats- und Justizminister von Woellner berichtet wird. Zehn Jahre später erhielt der böhmische Mundkoch Meister Zichel als verehrungswürdiges Zeichen höchster Anerkennung ein „contrafect", d. h. den Gnadenpfennig Johann Sigismunds.
Weiteren Geschichtsquellen wird entnommen, daß der leitende Minister Graf Schwarzenberg, der auch in Kleidungsfragen Geschmack hatte, sich einen Koch aus Frankreich nach Berlin mitbrachte, der dann 1634 einige Male für den Kurfürsten kochte und hierfür 25 Taler zur Verehrung erhielt.
Der kurfürstliche Koch Hans Bentorate war sogar in der Lage, dem verschuldeten Junker Fritz von Hake die erkleckliche Summe von 100 Talern zu borgen.

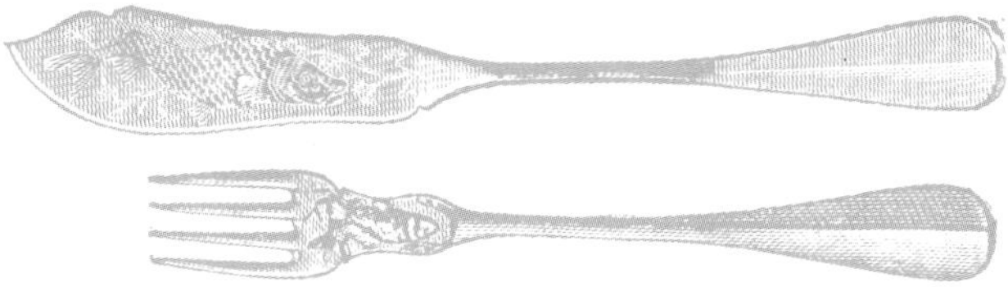

Von Aal bis Zander

In den Chroniken finden sich deutliche Hinweise auf den überreichen Fischbestand der damals noch reinen märkischen Gewässer. 1797 erschien bei einer Charlottenburger Hochzeit Schellfisch als große Delikatesse auf der Tafel (noch unter Friedrich II. und Friedrich Wilhelm I. galt Schellfisch weder als hof- noch als bankettfähig).
1733 hörte man zum ersten Male von einem Rezept „Zander in oder mit Mostrichbrühe gekocht", ein Vorläufer des Gerichts Schellfisch mit Senfbutter. Später, 1822, führte der Traiteur Jagor dieses Essen ein, das sich bis heute behauptet hat. Dann erschien Steinbutt als neue Gaumenfreude auf den Berliner Tafeln. Brillat-Savarin schreibt über diesen Fisch 1815 in seiner „Physiologie des Geschmacks" ein ganzes Kapitel. Aus alten Menükarten geht hervor, daß anschließend ein weiterer Edelfisch, nämlich die Seezunge, zum Clou der Tafelfreuden wurde.

Berliner Brezel-Bäcker

Während man in Hamburg Wecke oder Backschaufel in Schild und Wappen der Bäcker führt, findet man in einer Stiftung des Gewerks der märkischen Bäcker „I grote sulveren Bretze verguldet" (Eine große silberne Brezel, vergoldet). So steht es im Verzeichnis der Kostbarkeiten des Doms zu Havelberg. Dieses volkstümliche Wahrzeichen der Bäckerinnung in Berlin und Umgebung hat sich bis heute erhalten. Der Brauch des Brezelessens ist offenbar frühchristlicher Herkunft, sie galt als Gebäck, das besonders an Festtagen verzehrt wurde.

Der Name Brezel geht auf das klosterlateinische Wort „brachiatellum" zurück, was soviel wie „Gebäck in Gestalt verschlungener Arme" bedeutet. Es wird angenommen, daß sie eine Art klösterliche Devotionalspeise war. Schon im 12. Jahrhundert reichten Nonnen im *Hortus deliciarum* die Brezel als Dessert nach dem Fisch.

Die Chronik zeigt, daß dieses Gebäck in und um Berlin besondere Bedeutung erlangte. Die protestantische Königin Sophie Dorothee ließ sich in der Zeit von Aschermittwoch bis 14. März des Jahres 1725 alle Tage eine Schachtel voll Butter- und Zuckerbrezeln nach Potsdam kommen.

1735 stellte das Generalprivilegium der Berliner Bäckerinnung ihrem Gewerk anheim, die Erlaubnis zum Brezelbacken vorübergehend einem armen Meister zu übertragen, damit er finanziell zu Kräften komme.

Im Laufe der Zeit entwickelten sich mehrere Brezelsorten. Eine gewisse Spandauer Ricke wurde dadurch berühmt, daß sie vor dem Spandauer Schloß ausrufend ihre „Zimtpretzeln" anpries. Der königlich-preußische Hofküchenmeister Samentzky beschreibt 1819 in seinem „Lehrbuch der Kochkunst" noch weitere Sorten:

„Englische Blätterbrezeln, Bärm-Bräzeln al'Allemande, Hanauer, Hannöver'sche Bräzeln". In einer Zeitungsanzeige vom 31. Januar 1735 werden von einer Frau Storbeck Mandelbrezeln angepriesen. Bremer Brezeln waren am 6. März 1754 für 6 Pfennige bei dem Kuchenbäcker Töppen an der Langen Brücke, im Keller des Hauses von Herrn Petitot, zu bekommen. Der Herzoglich-Sächsisch-Weimarische Mundkoch Goullon beschreibt uns die so beliebten Zitronenbrezeln. Aus einer Anzeige vom 22. Oktober 1818 kennt man auch einen „Pretzeltanz" auf einer Mühle an der Spree hinter Moabit.

Prinz Louis Ferdinands Haushofmeister Knoblauch verrät uns 1829 in seinem Kochbuch das Rezept für kleine Butterbrezeln.

Mitte des 18. Jahrhunderts stellte sich ein Bürger namens Steffen als „Pretzelbäcker“ vor, er verkaufte seine frisch gesottenen „Pretzeln“ am Mühlendamm unter der Wohnung des Obermühleninspektors in Mrs. Benezles Laden. Kriege, Inflation und andere Einflüsse haben schließlich den Brezelbrauch beendet.

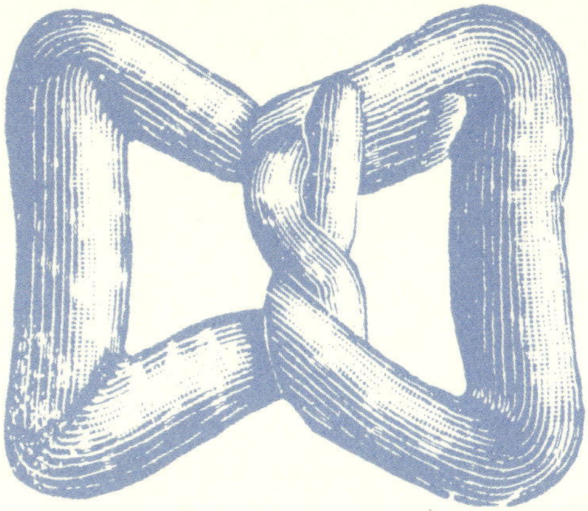

Pasteten hin, Pasteten her

Als neuer Geschäftszweig kam im 16. Jahrhundert die Pastetenbäckerei auf, so zu ersehen aus den „Cölner Bürgerbüchern“. 1603 und 1652 erfolgten ähnliche Eintragungen im Berliner Bürgerbuch.
1578 war ein Hiobst Kettelin als Pastetenbäcker für den kurfürstlichen Hof tätig. 1601 erhielt er, neben anderen, 20 Taler als Neujahrsgratifikation und wurde zum Mundkoch ernannt.
1735 kam ein englischer Koch als Pastetenbäcker, im März 1750 der Pastetenbäcker Grey. 1742 gibt Ambrosius Haude zum Preis von 4 Groschen als Neuigkeit einen Octavband heraus: „Englischer Koch nebst einem Küchenzettel auf vornehme Tafeln wo die Rezepturen für Pastete nachzulesen sind“. Hierbei ist zu bemerken, daß z.B. die Aalpastete eine Leibspeise Friedrichs des Großen war. 1771 siedelte der ehemalige königliche Koch Gebhard von dem Gasthof *9 Churfürsten* aus der Scharrenstraße nach dem *Weißen Schwan* in der Jüdenstraße über. Seine Pasteten rangierten unter den „delicaten Speisen, wie sie von vornehmen Personen bestellet werden“.
Schon 1498 erschien als Gipfel der Kochkunst bei dem Rat von Frankfurt/Oder erstmals eine Pastete als Krönung der Tafel für Friedrich Wilhelm I., der ohnehin schon gute Speisen wie Austern (Oestrichen), Kaviar, Trüffel, Lerchen und

Fasanen zu schätzen wußte. Um die Mittagsstunde dieser Zeiten sah man in Berlin, das wie ausgestorben lag, nur die Bedienten mit ihren Pastetenkörben über Straßen, Brücken und Plätze huschen.

Die schwere Speise kam der Gesundheit nicht gerade entgegen, und es heißt, daß die Ärzte viel zu tun hatten. 1713 vermeldet ein Blättchen, die „Chronik Skandaleuse", den Tod eines Mitgliedes der Tafelrunde von Sanssouci, am Ende eines sehr langen Diners bei dem Gesandten Tyrconel, nach dem Genuß einer Trüffelpastete. Solche Pasteten pflegte Friedrich auch seinem Freunde dem Domherrn nach Brandenburg zu senden. Friedrichs Leibarzt G. v. Zimmermann vermerkt in seinen veröffentlichten Berichten, daß der Pastetengenuß den Zustand seines Patienten erheblich verschlimmert habe. Zimmermann spricht von eben jener Aalpastete, die eine Leibspeise Friedrich des Großen war. Bekömmlicher waren da schon die Pasteten von Wild oder „anderem zahmen Vieh". 1723 liefert das „Brandenburgische Kochbuch" für die Aristokratie Rezepte für Schnecken- und Artischockenpasteten, Austernpasteten, Lerchenpasteten und 74 andere Pastetensorten. In der gräflich Promnitzschen Conditorei in Sorau waren 1733 genau 103 Stück Pastetenformen aus Ton vorhanden und 153 Stück Pastetenringe von Blech.

Im Juli 1742 wird von einem Hochzeitsmahl in einem Charlottenburger Pfarrhause berichtet, wo es Rebhuhnpastete gab, die als Schaustück bis zum dritten Gange auf der Tafel blieb.

Kleine Handpasteten auf einem Tableau, ca. 1 Dutzend, bietet der Koch Pankow in seinem Inserat vom 26. April 1793 an. Die Herren vom Magistrat aßen solche auf ihren Dienstreisen in die Randgebiete der Stadt, wo die Dinge- und Gerichtstage gehalten wurden. Jahrzehnte danach kam auch der einfache Bürger in den Genuß dieser Köstlichkeiten, wenn er bessere Lokale mit Abendmusik aufsuchte. Meist wurde Hühnerpastete gegessen.

Exotisches im frühen Berlin

Schon Kurfürst Joachim II. schätzte allen Transportschwierigkeiten zum Trotze die Austern. „Oestrichen" wurden sie in Berlin genannt. Nach den Kammerregistern holte 1616 ein Lüneburger Bote 3600 dieser Schalentiere für 32 Taler und 17 Silbergroschen, einschließlich des Fuhrlohns bis Grimnitz. 1613 und 1632 gingen zwei Tönnchen von Berlin an das befreundete Fürstenhaus nach Dresden. Die Deutsch-Russischen Beziehungen aus den Freiheitskriegen brachten es dann mit sich, daß in Berlin echt russischer Kaviar angeboten wurde. In einer Berliner Gazette ist zu lesen: „Es ist der russische Kaufmann A. Utschakoff aus Moskau mit gutem frischem Kaviar angekommen" (am 8.März 1790 und zuvor am 22. Januar 1790). Mit Rücksicht auf die reiche russische Kundschaft wurde Kaviar auch im *Hotel de Russie*, Unter den Linden, angeboten. Goethe logierte 1778 in diesem Hotel. Wilhelm von Humboldt schickte 1797 zwei Fäßchen Kaviar an Goethe nach Weimar, später ließ er noch Spickaale folgen.
Um diese Zeit kamen auch erstmals Preiselbeeren nach Berlin. Kaufmann Hünefeld brachte sie am 6. Oktober 1786 eingemacht in die Stadt, es hieß, sie seien eine Delikatesse und beliebte Beilage zu allerlei Gebratenem und der Gesundheit sehr bekömmlich. Festungsbaumeister Rochus Lynar sandte anno 1577 der Gattin des Administrators von Halle einen Korb Südfrüchte „de beaux citrons et pommes d'adam et grenades". Die Empfängerin dankte „avec grand plaisir", denn diese südlichen Kulturfrüchte waren eine Seltenheit.
Die süße Pomeranze wurde wegen ihres chinesischen Ursprungs auch Orange de chine genannt, 1768 hieß sie Sinasapfel und dann Apple de sine. Im 17. Jahrhundert zählten Südfrüchte zum Luxusbedarf des kurfürstlichen Hofes in Brandenburg. Kammerrechnungen beweisen, daß 1616 in Leipzig Zitronenkäufe getätigt wurden, man schmückte auch Wildschweinskopf und Trappe mit Zitronen. Auf Reisen waren die Zitronen als Erfrischung hochgeschätzt, für die Beschaffung war der Reiseapotheker zuständig.
15 Jahre zuvor hatte Friedrich noch in seinen Küstriner Festungstagen um eine Zitrone gebarmt. Der Zitronenkorb avancierte zum „plate de ménage" und gehörte zu jedem vornehmen Tafelaufbau. Nach dem Bürgerbuch von 1670, 1696 und 1700 traten in Berlin auch die ersten Special-Zitronenhändler auf. Mitte des 18. Jahrhunderts traten die ersten Limonadiers in Erscheinung, sie verkauften vom Faß und in Bouteillen. 1797 verrät Prof. J. S. Halle ein Rezept, wie man Limonadenpulver mit einem vollkommenen Limonadengeschmack herstellen kann. Ein Vorgriff auf die Lebensmittelindustrie des 19. Jahrhunderts.

Auch bei Trauerzeremonien im Berlin-Brandenburgischen hatte die Zitrone ihre Bedeutung. Das Leichenreglement des uckermärkischen Prenzlau vom 18. März 1773 besagt folgendes: „Dem Küster gebührt außer einem Reichstaler auch eine Zitrone, die in Geld abgelöst werden kann, für den Fall, daß ein Adliger im Kirchspiel beigesetzt werde." 1837 schritt in Berlin der Leichenbitter dem Trauerzuge voran, in einer Hand die gelbe Frucht tragend.

Als erster Züchter von Frühkirschen wird in Berlin ein Pierre Cuny genannt. Friedrich der Große hatte schon zu seiner Rheinsberger Zeit eine große Vorliebe für Kirschen. Die ersten Kirschen kosteten 4 Groschen das Stück.

Friedrich Wilhelm Markgraf von Brandenburg erließ zu Potsdam am 5. März 1686 ein Edikt, in welchem „allen Pfarrern ernstlich anbefohlen wird, keine Eheleute mehr zu trauen, bevor nicht der Bräutigam, sei er Junggeselle oder Witwer, einen beglaubigten Schein seiner Obrigkeit vorweise darüber, daß er wenigstens sechs Obstbäume gepfropft und sechs junge Eichen gesetzt habe, und sollte die Hochzeit zur Winterszeit geschehen, dann möge er ein Pfandt bis Frühjahr hinterlegen, daß ihm nicht eher wiedergegeben werde, bis er bewiesen habe, daß die Pflanzung geschehen sei". Offensichtlich hat dieses Edikt „Früchte getragen", betrachtet man heute die berühmte Baumblüte in Werder bei Potsdam und seine Obstweine.

Unter den Seltenheiten Sanssoucis kam auch eine liebliche Frucht in Mode, die Ananas. Handelsmann Caspar Bose ließ solche schon 1685 in seinem Leipziger Garten anbauen. Belege der Privatschatulle Friedrichs des Großen von 1747 bezeugen, daß dieser schon damals einige dieser Pflanzen aus Glatz mitbrachte. 1750 war der Lustgärtner Bartsch in Oranienburg um die Züchtung der Exotin bemüht. Friedrich Nicolai verlegte sich in seinen alten Tagen auf die Ananaszucht, mit der er bedeutende Einnahmen erzielte. 1810 wurde Ananas in Töpfen als Weihnachtsgeschenk für Kinder angeboten. Nicolai vermehrte seinen Bestand im Jahre 1804 um 100 Pflanzen und im Jahre 1809 um 250 Stück. Nach seinem Tode wurde die Anlage weiter gepflegt, sie kam einem Geheimrat Eichmann zugute, wie Eintragungen aus Büchern von 1812 zu entnehmen ist.

Auch der Erfinder der süßen Fürst-Pückler-Bombe deckte in Potsdam seinen Bedarf an Ananaspflanzen. 1817 kaufte er bei dem Hofgärtner Bleichert 450 1–3jährige Pflanzen, um bei Muskau auf einer Sandinsel neben Kartoffeln und Tannzapfen Ananas zu pflanzen. Seine Zeitgenossin Dorothea Schlegel gab ihm in ihren Briefen zu bedenken, daß dies fehl am Platze sei, denn es sei vergeblich, auf einem Boden, wo märkische Rüben hingehörten, Ananas zu pflanzen. Fürst Pückler zog sie aber dennoch, sein Ziel waren 2000–3000 Pflanzen jährlich, die er nach Berlin zu verkaufen gedachte. 1820 schickte er Ananas an seinen Freund Staegemann und 1830 an Rahel Varnhagen. Auch Goethe erwähnte die Köstlichkeit. In seinem Todesjahr wurden in der Konditorei Linden, Ecke Neustädtische Kirchstraße, schon Fastnachtspfannkuchen mit Ananasfüllung angeboten. Das war früher nur ein Privileg der Begüterten gewesen.

Angesichts der Vielfalt Berlinischer Gaumenfreuden kann man getrost ein Fontane-Gedicht zitieren:

Das Land Gosen

Oft hör ich, daß unsre gute Stadt,
augenscheinlich eine Verheißung hat.
Der Himmel der uns so hegt und pflegt,
hat uns alles vor die Tür gelegt:
Im Grunewald Schwarzwild, Hirsch und Reh,
Spargel in Masse bei Halensee,
Dill, Morcheln und Teltower Rüben,
Oderkrebse hüben und drüben,
auf dem hohen Barnim Fetthammelherden,
werden noch nächstens South-downer werden.
Königshorster Butter, in Spremberg Salz,
im Warthebruch Gerste, Graupen und Malz,
in Kienbaum Honig, im Havelland Milch,
in Luckenwalde Tuch und Drill'ch,
bei Werder Kirschen und Aprikosen
und bei Potsdam ganze Felder von Rosen,
nichts entlehnt und nichts geborgt,
für großes und kleines ist ringsum gesorgt!

Wenn Altberlin ausging

Anfang des 19. Jahrhunderts entstanden in Berlin die ersten Lesekonditoreien. Sie wurden schnell zu Treffpunkten des geistigen Lebens. Die Konditorei *Spargnapani*, Unter den Linden, galt als Treff der gelehrten Welt. Am Gendarmenmarkt war es *Stehely,* wo sich Journalisten und Politiker ein Stelldichein gaben. In der *Roten Stube* (rote Tapete) wurde im Schicksalsjahr 1848 die Nationalzeitung gegründet. Bei *Kranzler,* Unter den Linden, traf sich die elegante Welt der Höflinge und des Adels. Im Jahre 1870 faßte das weltberühmte *Café Bauer,* Unter den Linden, Fuß. Kaum zu glauben: 700 Zeitungen und Zeitschriften aus aller Welt lagen hier für den Gast aus.

Weinlokale, Trüffelstuben und Austernsalons entstanden, da gab es edle Tropfen und gute Happen. Bei *Maurer & Bracht* saß Lessing in froher Runde oder ernstem Gespräch mit Mendelssohn, Nicolai und Ramler. *Lutter und Wegener* am Gendarmenmarkt wurden mit E. T. A. Hoffmann und seinem Freund Devrient weltberühmt.

Weiterhin entstanden die Bierpaläste, die echten Berliner Destillen, die Budicken und Budickerkeller. Dort stand der Droschkenkutscher im weiten Radmantel zusammen mit dem Dienstmann und dem rußgeschwärzten Arbeiter, dort zischten sie ihre Molle und ihren Korn.

An der Spreeuferseite war im abendlichen Dunkel das hell erleuchtete Schloß mit den Fensterfluchten der Hofküche zu sehen, dahinter geschäftig eilend die Leib- und Mundköche des Hofes. Am Pariser Platz vor dem Brandenburger Tor fand man die Sitze namhafter Botschaften, sie waren Hochburgen der Kochkunst. Die Weinstuben *Habel,* Unter den Linden, wurden vom Kellermeister Friedrichs des Großen gegründet, Minister und Generäle gaben sich hier ein Stelldichein. Das legendäre *Adlon,* erbaut von Comerzierat Conrad Uhl am Pariser Platz, – ein Nonplusultra seiner Zeit. Prominente der Welt waren hier zu Gast. Glücklich zu preisen, wer diese Häuser je von innen erleben durfte. Erlauchte Köche haben hier gedient, ich hatte das Glück, viele Gespräche mit dem ehemaligen Hofkoch aus Moskau und Petersburg, Herrn Borke und Friebel, zu führen.

Unweit vom *Adlon* stand das prächtig vornehme *Hotel Bristol.* Gegenüber vom *Café Bauer* das Restaurant *Unter den Linden.* Die beliebte Berliner Rinderbrust wurde hier vom Wärmewagen serviert, mit Meerrettichsauce und Bouillonkartoffeln. Der große Mime Heinrich George war dort fast täglicher Stammgast. In der Friedrichstraße fand man den herrlichen *Kaiser-Keller,* kaum zu glauben, daß es so etwas je gegeben haben soll.

Ein Stück weiter lag das Weinrestaurant *Kempinski,* Friedrichstraße/Ecke Leipziger Straße, 250 Köche waren allein in diesem einzigen Hause beschäftigt, ein Küchenchef bezog dort ein Gehalt, das einen wirklichen Geheimen Rat hätte vor Neid erblassen lassen. Täglich wurden bei „Kempi" 3 Zentner Hummer, 30.000 Krebse, 2 Zentner Kaviar und 20.000 Austern verbraucht, 18.000 Brötchen verzehrte man täglich, hergestellt im Hause selbst. 40.000 Teller gingen jährlich zu Bruch, das Haus konnte es verkraften. Wenn gestern in Böhmen die Jagd aufging, waren Hasen und Fasanen am nächsten Tage in der *Kempinski*-Küche. Von See kamen zweimal täglich frische Austern und Hummern. Um diese Zeit stand Berlins Kochkunst in höchster, nie wieder erreichter Blüte. 1930 zahlte man bei Kempinski für 10 Blue points (Austern) 2,– RM, für 10 Imperiales 3,20 RM, für einen Austerncocktail 0,75 RM, ½ frischer Hummer kalt mit Sauce Remoulade kostete 2,50 RM, jungen Fasan mit Gänseleberpüree konnte man für 2,– RM essen, ein Chateaubriand für 2 Personen kostete 4,– RM, 3 Krammetsvögel mit Sauerkraut und Croutons 2,35 RM.
Um die Jahrhundertwende wurde am Bahnhof Friedrichstraße das *Zentralhotel* gegründet, es war das damals schönste, auch größte Hotel Berlins. Neben diesem lag das Hotel *Russischer Hof,* daneben der weltberühmte *Wintergarten* und vis à vis das unvergeßliche Restaurant *Franziskaner.* Dort wurde internationale und Berliner Küche gepflegt, die Köche hatten keinen leichten Stand, 3000–4000 Essen täglich gingen hinaus, bei 1000 Sitzplätzen. Ein kleines Gedeck, auf Silber serviert, kostete 1,35 RM, das große Gedeck 2,10 RM, selbst die Suppe wurde in Silbertassen gereicht. Das waren Zeiten!
An der Weidendammer Brücke fand man das *Hotel Continental,* bei den Köchen und Gästen beliebt, eine Gründung der Hoteliers Adlon und Klix.
Im Süden der Friedrichstraße lag das *Borchardtsche Weinrestaurant.* Jede, auch die ausgefallenste, Delikatesse war hier zu haben, Geheimrat von Holstein war Stammgast dieses Tempels der Feinschmeckerei. Nicht weit davon, in der Lutherstraße, stand das Weinrestaurant *Horcher,* ebenfalls ein Tempel Lucullς, hier verkehrten die Großen der Reichsregierung. Weiterhin sind die Häuser *Prinz Wilhelm, Tauben Kasino, Töpfer* und *Prinz Friedrich Karl* zu erwähnen, allesamt von hohem Rang. Unvergessen auch der *Imperator,* das Haus der 1000 Clubsessel. Kurt Widmann wurde hier berühmt, er war Berlins Tommy Dorsay.
Etwas abseits, in der Mauerstraße, der *Clou,* ein Haus der Festlichkeiten, weiter südlich das liebenswerte *Moka-Efti* mit seinem berühmten 5-Uhr-Tee, hier spielten Bernhard Etté und Erhard Bauschke live über Sender Königswusterhausen, gegenüber davon das feine *Faun.* In der Leipziger Straße, nicht weit von dem

riesigen Kaufhaus Wertheim, stand ein weiterer Typus des Berliner Weinrestaurants, die *Traube*. Wer Besuch hatte und originelle Stunden verleben wollte, ging ins *Haus Vaterland* am Potsdamer Platz. In diesem einmaligen Etablissement vereinigten sich die *Berliner Budieke,* das *Teltower Rübchen,* das *Bayrische Löwenbräu, Wien-Grinzing, Chinesische Teestube, Italienische Piazetta, Wildwest Bar, Türkisches Cafe,* die *Rheinterrasse* und der *Palmensaal*. 45 Köche waren um das leibliche Wohl der Gäste besorgt. An größeren Bierhäusern existierten noch das *Pschorr am Potsdamer Platz,* der *Spatenbräu,* der *Heidelberger,* der *Weihenstephan* und der *Klaußner.* Gegenüber vom *Pschorr* stand das vornehme Hotel *Fürstenhof,* erstklassig geführt, am Eingang zum Tiergarten in der Bellevuestraße das *Esplanade,* ein first class-Haus mit Weltrang, berühmt für seine herrlichen Säle, darunter der Spiegelsaal. Die Küche des *Esplanade* zählte zu den beliebtesten und berühmtesten Berlins.

In entgegengesetzter Richtung, am Anhalter Bahnhof, stand etwas Gewaltiges und Einmaliges: das Superhotel *Excelsior* von Geheimrat Elschner, größtes Hotel des Kontinents. Es hatte 600 Zimmer, 700 Betten, 250 Bäder, 700 Mitarbeiter, davon waren 85 Köche, man zählte 5.000 Sitzplätze, das Haus war durch Fahrstühle und Tunnel direkt mit dem Anhalter Bahnhof verbunden. Das läßt sogar im Raketenzeitalter aufhorchen! Zum *Excelsior* gehörte der *Thomaskeller,* hier zahlte man 1936 für Gänsebraten mit Rotkohl und Klößen 1,25 RM, ein Doppelkorn kam 0,30 RM. Am Wilhelmplatz stand das geschichtlich bekannte Hotel *Der Kaiserhof,* ebenfalls ein Haus allerersten Ranges, in dem die große Welt Gaumenfreuden und Luxusherbergen fand. In den Bankettsälen herrschte ständig Betrieb.

Zu den Weltklassehäusern gehörte auch das *Eden-Hotel* in der Budapester Straße, seine Küche war berühmt und zählte zur Spitze Berlins. Das Haus brachte Köche von Rang hervor, um nicht zu sagen von Weltrang. Besonders attraktiv war der *Eden*-Dachgarten mit automatisch öffnendem Glasdach; internationale Tanzkapellen machten das Haus zum Treffpunkt der eleganten Welt. Im Tiergarten war das Etablissement *Kroll* ein beliebter Treffpunkt aller Berliner. Ein weiteres Haus Kempinskis am Kurfürstendamm erlebte zur Olympiade 1936 nochmals glanzvolle Tage, bevor alle Pracht in der Ewigkeitsnacht des Krieges verlosch. Erhaltene Speisekarten dieses Hauses bezeugen seinen hohen Leistungsstand.

Der Bummel durch Altberlin kann nicht beendet werden, ohne einen seiner größten Gastronomiebetriebe zu erwähnen, die es hier jemals gab: die *Mitropa,* größtes Hotel und Restaurant auf Rädern. Seine Köche waren Vorbilder an Pflichterfüllung und Leistungsvermögen, man beschäftigte 450 Köche, davon allein 200 im Rayon Berlin. Die Köche benötigten sicheres Standvermögen, auf den fliegenden Schienenzeppelinen *Fliegender Breslauer* und *Fliegender Beuthener* fuhr man auf freier Strecke eine Spitzengeschwindigkeit von 200 km/h, das heißt von Berlin nach Breslau in 1¾ Stunden. Für die Reichsregierung wurden jährlich 100 Extrafahrten mit Salonzügen für Staatsbesuche etc. ausgeführt.

Dieses Berlin gibt es nicht mehr. Alle seine hier genannten Häuser sind im Feuersturm des letzten Krieges untergegangen, die Blüte fast einer ganzen Köchegeneration, die zuvor so vielen Menschen glanzvolle Stunden beschert hatte, sank, teils in Ausübung ihres Berufs als Feldköche, auf den Schlachtfeldern Europas in den Staub der Geschichte.

Preußen ist durch Befehl des Alliierten Kontrollrats aufgelöst worden – cui bono? –, geblieben ist die Stiftung Preußischer Kulturbesitz, die unser Kulturerbe, zu dem auch unsere Küchen- und Tafelkultur gehört, bewahren hilft. Kochbücher sind Kulturdokumente, die ihre Zeit in mancher Hinsicht besser und eindrucksvoller schildern als manche Geschichtsbücher. Mögen letztere nie ganz frei von Vorurteilen sein, die Kochbücher sind es bestimmt.

Gutes Gelingen und guten
Appetit wünscht Ihnen
Ihr Küchenchef
Fritz Becker

KALTE UND WARME SUPPEN

Bierkaltschale

100 g Korinthen, 100 g Zucker, 75 g geriebenen Zwieback, 75 g geriebenes Schwarzbrot, 1 l Weißbier, knappe 1/2 Zitrone, in Scheiben geschnitten, 1 Messerspitze Zimt

Die Korinthen einige Stunden vorquellen lassen, dann die übrigen Zutaten dazugeben und zusammen mit dem Weißbier übergießen. Im Kühlschrank einige Stunden gut durchkühlen lassen, dann in Gläsern oder Suppenschalen servieren. Statt Korinthen können auch Sultaninen verwendet werden.

Graupensuppe mit Backpflaumen

250 g Graupen, etwas Butter, etwas Salz, 250 g Backpflaumen, 1 EL Zucker oder Sirup, 50 g Butter, 300 g Rauchfleisch oder Braten vom Vortage, etwas Zimt, etwas Salz

Die Graupen mit Butter, Salz und Wasser gut bedeckt zum Kochen bringen und bei häufigem Umrühren kurz halten, zwischendurch jeweils etwas Wasser nachgießen. Langsam recht weich kochen.

Nebenher die Backpflaumen mit Wasser bedeckt, zusammen mit dem zugesetzten Zucker, weich kochen, unter die Graupen mischen und abschließend abschmecken. Die Graupensuppe soll in ihrer Konsistenz so sein, daß sie mit der Gabel gegessen werden kann, jedoch nicht zu dickflüssig.

In tiefen Tellern anrichten, mit Zimtzucker bestreuen und mit gebräunter Butter begießen. Als Beilage gibt man kaltes Rauchfleisch oder Braten dazu. Dies ist ein Mittag- und Abendgericht aus dem alten Berlin.

Berliner Kartoffelsuppe

350 g geschälte Kartoffeln, 80 g Wurzelwerk (Lauch, Sellerie, Möhren, 1 Zwiebel), 1 l helle Fleischbrühe, 50 g gewürfelter Magerspeck, 1/8 l saure oder süße Sahne, ca. 30 g Mehl, 1 kleines Lorbeerblatt, 4 Pimentkörner, 1/2 TL Kümmel, 2 zerdrückte Wacholderbeeren, etwas Majoran, 1 Prise Muskatblüte, 30 g Butter, 2 Scheiben gewürfeltes Weißbrot, gehackte Petersilie, Kerbelblättchen, Salz, frisch gemahlener Pfeffer

Den Würfelspeck anschwitzen, dann das kleingeschnittene Wurzelwerk leicht mit angehen lassen, die kleingeschnittenen Kartoffeln kurz darin umrühren und dann mit der hellen Fleischbrühe auffüllen. Die Gewürze zugeben und zugedeckt etwa 1/2 Stunde kochen lassen.

Nun das Ganze durch ein Haarsieb passieren und wieder aufkochen lassen, nebenher die Sahne mit dem Mehl verquirlen und die Suppe damit abziehen, mit Salz und Pfeffer geschmacklich vollenden.

Die Weißbrotwürfel in aufsteigender Butter goldgelb bis leichtbraun in der Stielpfanne anrösten und kurz vor dem Auftragen auf die Suppe streuen, gehackte Petersilie und Kerbelblättchen darübergeben.

Als Einlage eignen sich vorzüglich Wiener Würstchen oder Bockwurst. Es ist auch berlintypisch, Streifchen von gekochter Rinderbrust zu verwenden.

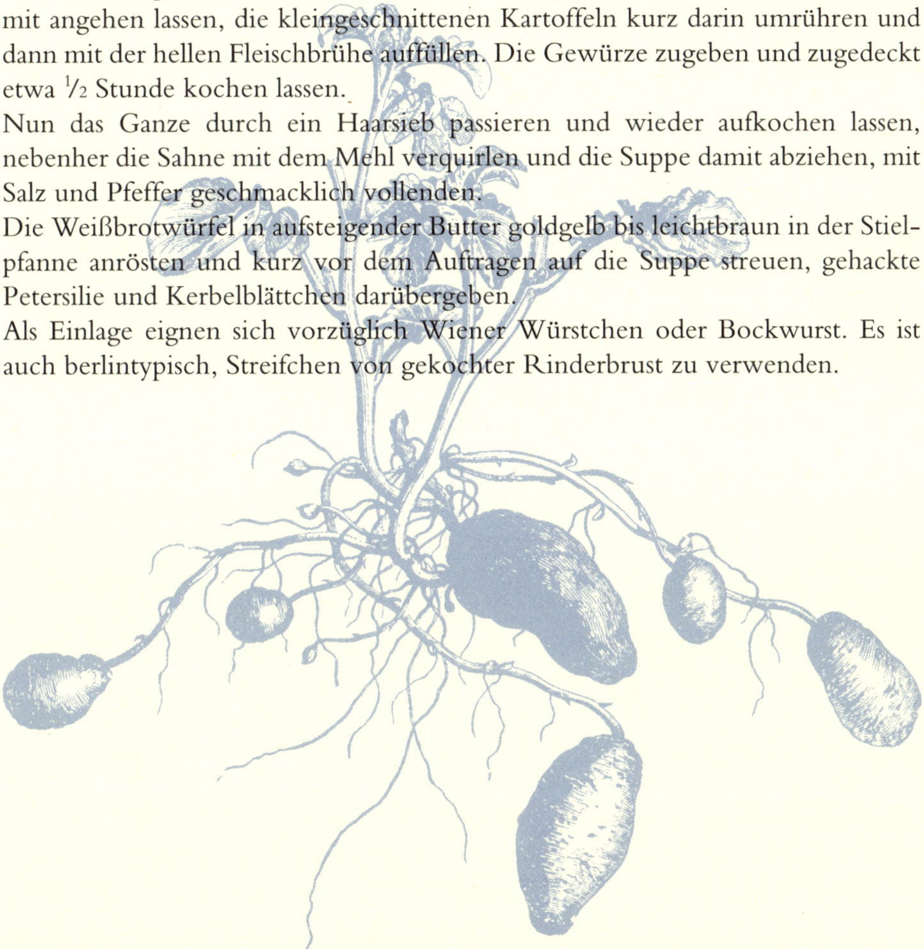

Krebssuppe

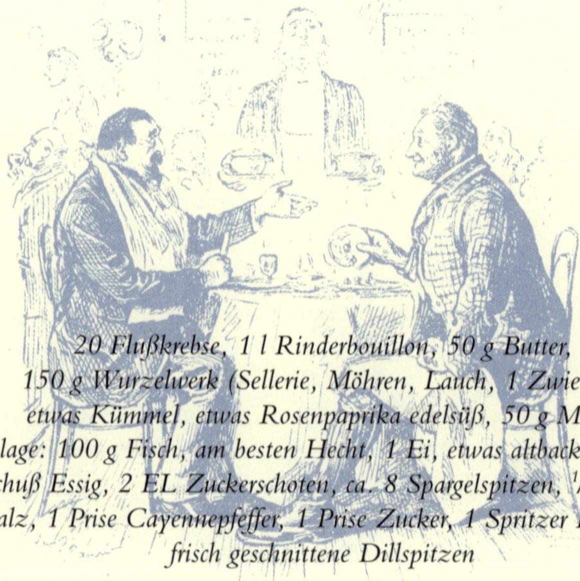

20 Flußkrebse, 1 l Rinderbouillon, 50 g Butter,
150 g Wurzelwerk (Sellerie, Möhren, Lauch, 1 Zwiebel),
etwas Kümmel, etwas Rosenpaprika edelsüß, 50 g Mehl,
Zur Einlage: 100 g Fisch, am besten Hecht, 1 Ei, etwas altbackenes Weißbrot,
1 Schuß Essig, 2 EL Zuckerschoten, ca. 8 Spargelspitzen, 1/8 l Sahne,
Salz, 1 Prise Cayennepfeffer, 1 Prise Zucker, 1 Spritzer Kognak,
frisch geschnittene Dillspitzen

Die Krebse gut säubern. Die Rinderbouillon zum Aufwallen bringen und die lebendigen Krebse einzeln nach und nach hineingeben. Mit dem Schaumlöffel nach 5 Minuten wieder herausnehmen und ausbrechen. Aus den Scheren das Fleisch entnehmen, die Schwänze ausbrechen und daraus den Darm entfernen. Die verbleibenden Krebsschalen im Multimix zerkleinern und zusammen mit dem Wurzelwerk, dem Kümmel und dem Rosenpaprika in aufsteigender Butter kräftig anrösten. Dann mit dem Mehl abstäuben und mit der Brühe auffüllen. Etwa 20 Minuten durchkochen lassen, durch ein feines Haarsieb gießen und wieder warm stellen.
Zwischenzeitlich das Fischfleisch durchdrehen, mit Ei, Salz, Pfeffer und Muskatblüte unter Verwendung von etwas eingeweichtem Weißbrot und Sahne eine gut vermengte Fischfarce herstellen. Kleine Nocken mit dem Teelöffel abstecken und in wenig Salzwasser mit Essig durchkochen lassen.
Den Fischsud in die Krebssuppe gießen und diese mit der Sahne legieren. Abschließend mit Salz, Cayennepfeffer, Zucker, Zitronensaft und Kognak geschmacklich vollenden. In Suppenschalen servieren.
Für die Einlage die Fischnocken, Krebsschwänze, Zuckerschoten und Spargelspitzen, obenauf die Dillspitzen streuen. Eine köstliche Gaumenfreude!

Löffelerbsen mit Schweineohr und Schnauze

1/2 gepökelter Schweinskopf, 1 Prise Zucker, 2 Zwiebeln, 1 Lorbeerblatt, 1 Pimentkorn, 400 g gelbe Erbsen, ungeschält, 80 g Wurzelwerk, 100 g geschälte Kartoffeln, 75 g Magerspeck, gerebelter Majoran, 40 g Mehl, etwas Salz

Den gepökelten Schweinskopf mit Wasser aufsetzen und Zucker, 1 ganze Zwiebel, das Lorbeerblatt und das Pimentkorn hinzugeben. Den Kopf gut weichkochen, aber nicht so, daß er zerfällt. Von den Knochen ausbrechen und auslösen und für die spätere Einlage bereitlegen.
Schweinskopfbrühe durchgießen und nun zum Aufsetzen der gewaschenen Erbsen und des kleingeschnittenen Wurzelwerks verwenden, aber nur soviel, wie es der Salzgehalt der Pökelbrühe erlaubt. Zum Ausgleich Wasser hinzunehmen. Erbsen unter gelegentlichem Umrühren gut weich werden lassen, jedoch kurz vor dem Garungspunkt die gewürfelten Kartoffeln zusetzen und diese mit weichkochen lassen.
Nun den gewürfelten Magerspeck in einer Stielpfanne auslassen und dann 1 gewürfelte Zwiebel mit anschwitzen, zum Schluß etwas gerebelten Majoran hineingeben, das Mehl hinzufügen, mehrmals umrühren und damit den Löffelerbseneintopf binden. Geschmack überprüfen, mit Salz und Pfeffer abrunden. Einlage: Stücke von Ohr und Schnauze (Eine andere Einlagenvariante sind Spitzbeine, Wiener Würstchen oder Bockwurst.). Beigabe: Schrippe oder kleine Brötchen.

Warmbiersuppe

Ein wirklich altdeutscher Küchenbrauch. Selbst unser großer Preußenkönig, der Alte Fritz, wurde in seiner Jugend u.a. mit Biersuppe großgezogen.
Aus Anlaß des königlichen Vorgehens gegen die „Unsitte" der Kaffeetrinkerei heißt es in der Ausgabe der Vossischen Zeitung No. 148, Jahrgang 1780, in der nachfolgend aufgeführten Verordnung:
„Eure Väter, deutsche Männer, tranken Branntwein und wurden bey Bier, wie Friedrich der Große, auferzogen, waren fröhlich und guten Muths. Dieß wollen wir auch; Ihr sollet den reichen Halbbrüdern deutscher Nation Holz und Wein, aber kein Geld mehr für den Kaffee schicken; alle Töpfe, vornehme Tassen und

gemeine Schälchen, Mühlen, Brennmaschinen, kurz alles, zu welchem das Beywort Kaffee zugesetzt werden kann, soll zerstöret und zertrümmert werden, damit dessen Andenken unter unseren Mitgenossen zernichtet sey. Wer sich untersteht Bohnen zu verkaufen, dem wird der ganze Vorrat confiscirt, und wer sich wieder Saufgeschirre dazu anschafft, kömmt in Karren".
So wollen wir also das friderizianische Biersuppenrezept hiermit der Vergessenheit entreißen.

$^{3}/_{4}$ l nicht zu bitteres Bier und dazu ebensoviel Wasser,
etwa 45 g feines gesiebtes Mehl (aber ja kein Kartoffelmehl), 3 Eier,
Zucker nach Geschmack, 1 Messerspitze Zimt, 1 Zitronenscheibe,
1 $^{1}/_{2}$ Tassen Weißbrotwürfel oder die gleiche Menge Zwieback, 50 g Butter

Alle Zutaten, außer den Weißbrotwürfeln und der Butter, mischt man in einem Topf, bringt den Inhalt unter ständigem Rühren mit dem Schaumbesen auf heißer Brennstelle bis kurz vor den Beginn des Kochens und gießt den Inhalt in eine Suppenterrine. Als Einlage nimmt man die in Butter goldgelb gerösteten Weißbrotwürfel.
Es war auch üblich, Korinthen in Bier aufzuquellen, geriebene Schwarzbrotreste in Butter anzurösten und alles zusammen mit etwas feinem Zucker und Zimt zu einem Teig zu kneten, diesen dann in einen Trichter zu drücken und dann den Brotteig in eine Terrine zu stürzen, worauf man abschließend die Biersuppe einfüllte.

Notizen & weitere Rezepte:

EINFACHE MAHLZEITEN

Schlesisches Himmelreich

Wie der Name schon sagt, stammt das Gericht aus dem Land Rübezahls, unserem unvergeßlichen Schlesien, des Alten Fritzen sehr geliebte Provinz. Da es schon um die Jahrhundertwende hieß, jeder dritte Berliner sei ein Schlesier (Berliner Jargon: Rucksackberliner), nimmt es nicht weiter wunder, daß das Essen mit dem beziehungsreichen Namen auch in Berlin seine Anstammung fand.

250 g gemischtes Backobst, etwas Zucker, 1 Splitter Zimtstange, etwas Speisestärke, 600 g mageren Rauchspeck oder Rauchfleisch, 600 g am Vortag gekochte Pellkartoffeln, 1 Ei, Salz, Muskat, etwas Mehl, 40 g Butter, etwas geriebenes Weißbrot

Das Backobst am Vorabend in Wasser einweichen und am nächsten Tag mit dem Einweichwasser, dem Zucker und der Zimtstange kochen und wenn weich, mit etwas in Wasser verrührter Speisestärke sämig machen.
Zugleich setzt man auch das Rauchfleisch oder den mageren Speck in kaltem Wasser an und kocht das Fleich gar.
Die erkalteten, gepellten Kartoffeln dreht man durch die mittlere Wolfscheibe und stellt mit dem Ei, Salz, Muskat und Mehl einen Kloßteig her. Soviel Mehl an die Masse geben, wie sie aufnehmen kann. Man rollt runde Klöße, die man in gesalzenem Wasser in 15 Minuten garkocht.
Zum Essen richtet man auf dem Teller eine Portion heißes Backobst, daneben zwei Scheibchen Rauchspeck und die Klöße an. Butter und Reibebrot bräunt man leicht in einer Stielpfanne und gießt davon etwas über jeden Kloß.

Hefeklöße und Backobst

In Abwandlung des Gerichts „Schlesisches Himmelreich“ hatte sich in Berlin auch der Brauch herausgebildet, Hefeklöße mit Backobst zu kochen, weil manchem die Kombination von süßem Backobst und Rauchspeck nicht zusagte. Wenn's Backobst mit Hefeklößen gab, brauchte Mutter nicht lange zu bitten, zu Tisch zu kommen, man hörte dann von den Rangen nur noch ein Hhmm!

350 g Backobst, etwas Zucker,
1 Stückchen Zimtstange, etwas Speisestärke
Zu den Klößen: 375 g gesiebtes Mehl, 1/4 l Milch, 2 Eier, 1 Prise Salz,
1 Prise Muskat, 30 g frische Hefe, 35 g weiche Butter
Zum Beträufeln der Klöße: 50 g Butter und etwas geriebenes Weißbrot

Das Mehl in der Schüssel zu einem Kranz legen und in der Mitte mit der Milch die Hefe anrühren, am Rande die anderen Zutaten mit den ausgeschlagenen Eiern plazieren. Nachdem der Vorteig gegangen ist, alles zu einem Teig verarbeiten, zu einer Schlange ausrollen, davon gleichmäßige Stücke abschneiden und zu runden Klößen rollen, die man an warmem Orte gut aufgehen läßt. Inzwischen hält man auf dem Herd einen Topf mit kochendem Salzwasser bereit, darin kocht man die aufgegangenen Klöße ca. 5 Minuten auf einer Seite und nach dem Wenden 5 Minuten auf der anderen Seite. Über die angerichteten Klöße gießt man die in der heißen Butter angerösteten Semmelbrösel und legt je 1 Portion heißes Backobst an, das man nach dem Rezept wie bei „Schlesisches Himmelreich“ zubereitet hat.
Das obige Gericht war auch in der Niederlausitz populär und hat von daher seinen Einzug in Berlin gehalten.

Pellkartoffeln mit Quark und Leinöl

Auch dieses von jedermann als rein berlinisches Gericht angesehene Essen stammt ursprünglich aus Schlesien, wie ja in der Gründerzeit auch jeder zweite Berliner ursprünglich ein Schlesier war. Das ist ein weiterer Beweis dafür, daß die Berliner Küche sich in Wahrheit aus den schönsten Gerichten ihrer näheren und weiteren Umgebung zusammengesetzt hat; es war immer eine geschichtliche Tatsache, daß Berlin von den Stämmen aller Deutschen erbaut wurde. Das fand auch in den Küchengewohnheiten seinen Niederschlag.

1 kg kleine oder mittlere Kartoffeln, 1 TL Salz, 1 TL Kümmel,
500 g Magerquark, 2 EL Milch, 2 mittlere Zwiebeln, etwas Pfeffer,
2-3 EL Leinöl, 80 g frische Butter, 1 kleiner Bund Krauspetersilie

Die Kartoffeln schön sauber waschen und mit Salz und Kümmel aufsetzen, zudecken und etwa 20-25 Minuten kochen lassen. Während dieser Zeit den Quark mit Milch anrühren und mit Salz und Pfeffer geschmackvoll würzen. Dann eine Delle in den Quark drücken, in diese Vertiefung die fein gewürfelte Zwiebel hineinlegen und darüber das Leinöl gießen, sodann nochmals etwas handgemühlten Pfeffer darüber streuen und mit krausen Petersilienzweigen garnieren. Mit einem Buntmesser die gekühlte Butter in Portionen schneiden und am Rande anlegen. Dann die Kartoffeln pellen und leicht gesalzen mit dem Quark zu Tisch bringen.

Notizen & weitere Rezepte:

GEMÜSE- UND KARTOFFELGERICHTE

Gemüse- und Kartoffelgerichte

Etwa anno 1750 wurden auf Friedrichs Weisung hin in preußischen Landen mit landesväterlicher Güte und Trommelschlag vor den Rathäusern die ersten Kartoffelknollen an die Bauern zur Saat verteilt. Es gab zunächst ein Desaster, kein Hund möge die Dinger fressen, hieß es bei den Bauern. Am allgemeinsten war der Glaube, daß „die Dinger" zu Bäumen heranwüchsen und man sie dann wie Äpfel oder Pflaumen herabschütteln könne. Einige steckten sie einzeln in die Erde. Andere glaubten, „das Ding" klüger anzugreifen und verbuddelten alle auf einen Haufen, so daß sie zu dichtem Filz verwuchsen. Durch Ratsdiener und Feldwächter ließ Friedrich eine strenge Kartoffelschau veranstalten. Landreiter wurden ausgesandt, im nächsten Jahre die königliche Spende erneuert, und erst dann wurde die Sache zum Erfolg. 1785 sah man um die preußischen Amtsdörfer die ersten Kartoffelfelder, Hungersnöte wie früher waren nun gebannt. Man nannte die Knollen auch Toffeln oder Töffelen.

Bouillonkartoffeln

1 kg geschälte Kartoffeln, 1 l beste Rinderbouillon,
100 g Wurzelwerk (Möhren, Knollensellerie und Lauch),
1 TL gehackter Kümmel, Salz, Pfeffer und Muskat

Diese berlinische würzige Kartoffelbeilage wird meistens zu gekochtem Rindfleisch gegessen, besonders gern zu Rinderbrust mit Meerrettichsauce und Roter Beete (Rezept S. 85), deshalb halten Sie auch eine gute Rinderbrühe zu diesem Zweck bereit. Die Zubereitung ist relativ einfach.
Die geschälten Kartoffeln in Würfel von ungefähr 3 x 3 cm schneiden, in kochendem Wasser kurz abbrühen und dann in die mäßig kochende Rinderbrühe hineingeben, die Kartoffelwürfel darin zusammen mit dem sehr fein gewürfelten Wurzelwerk und dem Kümmel langsam bei mäßiger Hitze 10 Minuten garkochen lassen. Die Kartoffeln dann sofort an den Herdrand stellen und mit Salz, Pfeffer und Muskat abwürzen. Beim Servieren gehackte Petersilie obenauf streuen.

Erbsbrei

500 g geschälte gelbe Erbsen, 1 Stück Speckschwarte oder Schinkenschwarte, 1 große geschälte Kartoffel, Salz, Pfeffer
Zum Panaché: 75 g Magerspeck, 1 große Zwiebel

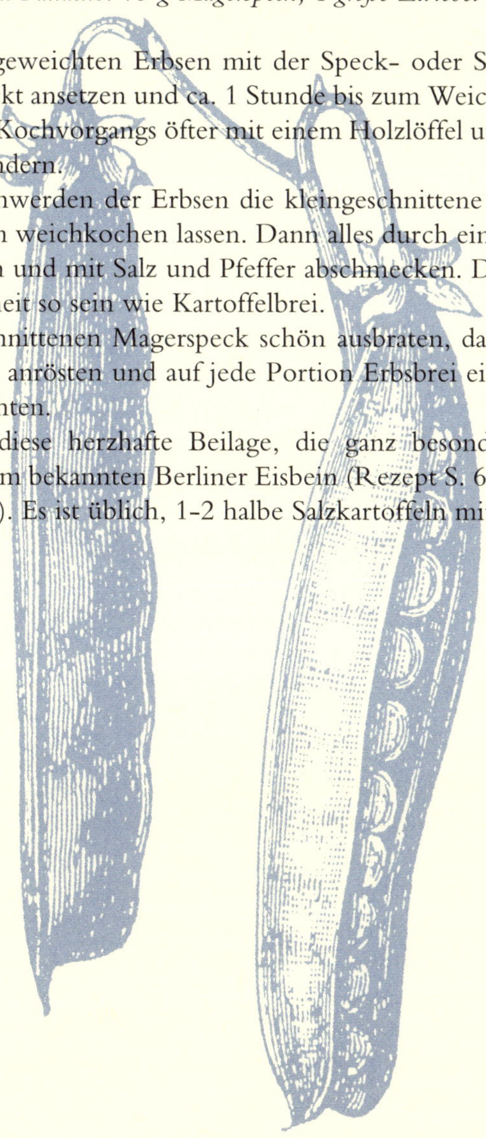

Die über Nacht eingeweichten Erbsen mit der Speck- oder Schinkenschwarte gut mit Wasser bedeckt ansetzen und ca. 1 Stunde bis zum Weichwerden kochen lassen. Während des Kochvorgangs öfter mit einem Holzlöffel umrühren, um ein Anbrennen zu verhindern.
Kurz vor dem Weichwerden der Erbsen die kleingeschnittene Kartoffel hinzugeben und zusammen weichkochen lassen. Dann alles durch eine Kartoffelpresse geben, gut umrühren und mit Salz und Pfeffer abschmecken. Der Erbsbrei muß in seiner Beschaffenheit so sein wie Kartoffelbrei.
Den in Würfel geschnittenen Magerspeck schön ausbraten, dann die Zwiebelwürfel im Speck mit anrösten und auf jede Portion Erbsbrei einen Löffel dieser Speckzwiebeln anrichten.
Man ißt in Berlin diese herzhafte Beilage, die ganz besonders von Herren geschätzt wird, zu dem bekannten Berliner Eisbein (Rezept S. 64) und zu Pökelkamm (Rezept S. 83). Es ist üblich, 1-2 halbe Salzkartoffeln mit anzulegen.

Gurkengemüse

Man nimmt zu diesem lieblichen, leicht verdaulichen Gemüse, das schnell herzustellen ist, vorzugsweise die großen Gemüsegurken, hier auch Senfgurken genannt. Die Zubereitungsdauer beträgt etwa 1/4 Stunde.

1 kg Gemüsegurken, 1/4 l Milch, 60 g Butter, 50 g Mehl, 1 EL Zucker,
1 EL Essig, Salz und Pfeffer

Man schält die Gurken, entfernt mit einem Löffel das kernige Innere und schneidet sie in fingerdicke lange Stücke.
In einem Topf läßt man nun die Butter leicht angehen, gibt den Zucker hinzu, läßt diesen leicht mit angehen, stäubt dann das Mehl hinzu, welches wiederum leicht mit angeschwitzt wird, und schüttet dann die geschnittenen Gurken hinein, die man mehrmals umrührt. Den Fond läßt man ziehen und füllt ihn mit Milch auf.
Zugedeckt ca. 15 Minuten dämpfen lassen und mit Salz, Pfeffer und, soweit noch nötig, mit Essig und Zucker abschmecken.

Berliner Kartoffelpuffer

Dies ist ein beliebtes und doch einfaches Gericht, das jeder Berliner immer wieder gern und mit Freuden ißt – wenn sich ein Reibehelfer gefunden hat. Auch an Imbißständen wird es heute noch als beliebte Speise für zwischendurch angeboten.

1 kg große, geschälte Kartoffeln, 1-2 EL Mehl, 2-3 Eier, Salz
Zum Braten: 120 g Schweineschmalz

Die geschälten Kartoffeln werden gut gewässert und dann auf einer Kartoffelreibe über einer Schüssel gerieben. Anschließend schöpft man das sich absetzende Kartoffelwasser vorsichtig etwas ab, gibt Salz zu der Masse, rührt Mehl, soweit notwendig, und die Eier unter. In einer Stielpfanne läßt man Schweineschmalz heiß werden und füllt mit einem Löffel etwas von der Reibemasse ein. Man drückt sie breit in runde Pufferform, backt sie bei geringer Hitze von beiden Seiten goldgelb und gibt sie so zu Tisch.

Je nach persönlichem Geschmack bestreut man sie mit Zucker oder Salz und ißt Apfelmus mit Preiselbeeren oder auch Kürbiskompott dazu. In Berlin ist auch seit jeher üblich, eine Tasse heißen Kaffee dazu zu trinken.
Wer herzhaftere Kartoffelpuffer liebt, zerläßt in der Bratpfanne vor dem Einlegen der Puffer mageren Würfelspeck und legt dann auf die offene Pufferseite eine Scheibe rohe Zwiebel, die nachher beim Wenden goldbraun mit anbäckt und einen würzigen Geschmack gibt.

Teltower Rübchen

Ein echt brandenburgisch-märkisches Gemüse. Die Saisonzeit ist Oktober/November. Goethe fand die Rübchen so überaus köstlich, daß er sich alljährlich solche von Freunden aus Berlin in sein Weimarer Domizil schicken ließ. Ein altes Berliner Zubereitungsrezept lautet so:

900 g Teltower Rübchen, 70 g Butter, 1 gehäufter EL Zucker, 40 g Mehl, 1/4 l leichte Fleischbrühe

Die Butter in einem Kochtopf entsprechender Größe bei geringer Hitze aufsteigen lassen, den Zucker hinzufügen und leicht bräunlich karamelisieren lassen, aber nicht zu sehr, dann das Mehl hineinstäuben, mit einem Holzspatel ständig umrühren und leicht Farbe nehmen lassen. Nun die geschälten und gewaschenen, aber nicht geschnittenen Teltower Rübchen in die Mehlschwitze geben und beständig rühren, bis auch sie leicht Farbe genommen haben. Hierauf die kochende Fleischbrühe mit etwas Salz aufschütten, nochmals gut umrühren, den Topf gut verschließen und langsam gar schmoren lassen. Das erfordert ungefähr 1/2 Stunde. Abschließend den Geschmack prüfen und notfalls nachwürzen. Eignet sich als Beilage zu allem Schlachtfleisch, auch Zunge, Bratwurst, Ente, Gänsebraten und Rauchfleisch.

Leipziger Allerlei

Das Gemüse ist am besten im Frühjahr und zur Spargelzeit zu bereiten.

200 g geputzter Kohlrabi, 200 g geputzte junge Karotten, 200 g Schotenerbsen,
200 g geschälter Spargel, 1 mittlerer Blumenkohl, 1 Tasse Milch,
Salz, Pfeffer, Muskat, 200 g Morcheln
12 Krebse, dazu etwas Wurzelwerk, Kümmel und 1 Lorbeerblatt
Zur Farce: 50 g Butter, 2 Eigelb, 2 Eiweiß, 50 g Paniermehl
Zur Sauce: 60 g Butter, 40 g Mehl, 2 Eigelb, etwas Sahne

Den geputzten Kohlrabi, Karotten, Schotenerbsen jeweils gesondert in leichter Fleischbrühe mit Salz und Zucker ansetzen und gardämpfen. Den geschälten Spargel fingerlang schneiden und ebenfalls in leichter Bouillon gardämpfen. Den Blumenkohl in Röschen schneiden und in Milchwasser garkochen. Die Morcheln zunächst in Salzwasser ankochen und dann in kleiner Kasserolle mit Butter gardämpfen.

Parallel dazu hat man die Krebse in sprudelndem Salzwasser, in dem zuvor das Wurzelwerk mit Lorbeerblatt und Kümmel ausgekocht war, 15 Minuten lang abgekocht.

Man nimmt die Krebse heraus, bricht das Scherenfleisch und die Schweife aus, aus denen man auch die Därme entfernt. Die Krebsnasen legt man zur Füllung beiseite. Von den übrigen Krebsschalen, die zerstoßen wurden, stellt man mit der Butter auf mäßiger Hitze eine Krebsbutter her, die man nach 25 Minuten durchgießt.

Zur Krebsfüllung stellt man aus der gerührten Butter, die man mit dem Eigelb verquirlt, und dem Schnee von dem geschlagenen Eiweiß zusammen mit dem untergerührten Paniermehl eine Farce her, abgewürzt mit Salz, Pfeffer und Muskat. Man füllt hiermit die Krebsnasen und sticht von dem Rest kleine Klößchen ab, beides kocht man in dem vorhandenen Krebsfond weich.

Nun stellt man aus dem Fond der verschiedenen Gemüse und der Blumenkohlmilch die Sauce folgendermaßen her: Man bereitet aus der Butter und dem Mehl eine helle Schwitze zu und füllt den Gemüsefond, gemischt mit der Blumenkohlmilch bis zur gewünschten Sämigkeit auf, unter gleichzeitigem Glattrühren mit dem Schneebesen. Das Eigelb, mit etwas süßer Sahne verrührt, zieht man zur Vollendung unter die Sauce, die man noch mit Salz, Pfeffer, Muskat und Zucker abwürzt. Man richtet das warm gehaltene Gemüse auf einer heißen Platte an, in

die Mitte den Blumenkohl, ringsherum abwechselnd die einzelnen Gemüse, und auf das Gemüse legt man abwechselnd die gefüllten Krebsnasen, das Krebsscherenfleisch und die Farceklößchen. Abschließend wird mit einem Löffel oder Butterpinsel die Krebsbutter über das Gemüse geträufelt.
Die Herstellung dieses edlen Gartengemüses ist sowohl zeitlich wie materiell sehr aufwendig und ist sicher früher wie heute den bessergestellten Schichten vorbehalten. Das Gericht hat mit großer Sicherheit vermutlich seinen Ursprung in den Leipziger Magisterschmäusen.

Stangenspargel

2 kg Stangenspargel (weißen aus der Mark), 200 g frische Tafelbutter, Ecke von 1 unbehandelten Zitrone

Den Spargel vom Kopf zum Fuß dünn schälen und die holzigen Enden abschneiden, in ausreichend kochendes Wasser ohne Salz einlegen, die Zitronenecke beilegen und zugedeckt etwa 25 Minuten weich kochen lassen. Wenn der Spargel weich ist, Salz nach Geschmack beigeben, gut abgetropft anrichten und mit einem Butterpinsel glasieren, unterhalb der Köpfe einen Streifen von gehackter Petersilie aufstreuen.
Je nach Wahl Portionen von kalter oder zerlassener Butter beigegeben, ferner in Butter geschwenkte Petersilienkartoffeln. Als bevorzugte Beilagen eignen sich ferner dünne Scheiben von gekochtem oder rohem Schinken.

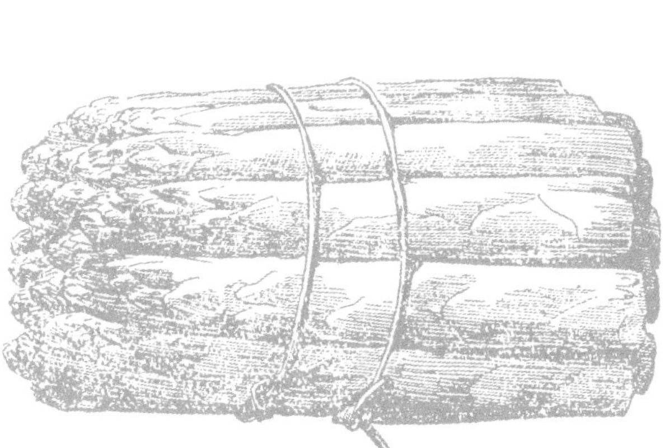

Stangenspargel in Spreewälder Dillrahmsauce

2 kg Stangenspargel, 1 Flocke Butter, 1 Zitroneneckchen, 100 g Süßrahmbutter, 60 g Mehl, 1 Tasse süße Sahne, 2 Bündchen frischer Dill, 2 Eigelb, Salz, Pfeffer, Zucker, 1 Prise Muskat

Den Spargel wie üblich schälen und in kochendes Wasser ohne Salz mit Butter und der Zitronenecke zugedeckt ca. 25 Minuten garkochen.
Von der Süßrahmbutter und dem Mehl eine helle Schwitze herstellen, von dem Spargelwasser unter beständigem Rühren die entsprechende Menge aufgießen und 10 Minuten langsam ausquellen lassen. Dann die mit dem Eigelb vermischte Sahne unterziehen, von der Brennstelle zurückziehen und mit Salz, wenig Pfeffer, wenig Muskat und etwas Zucker abschmecken. Kurz vor dem Anrichten die geschnittenen Dillspitzen untermischen. Den heißen, gut abgetropften Spargel mit der herrlich schmeckenden Sauce überziehen, eine Sauciere und Petersilienkartoffeln extra reichen.

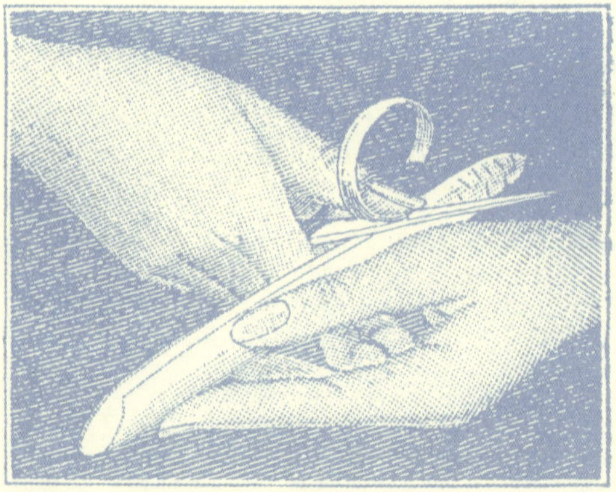

Notizen & weitere Rezepte:

EIERSPEISEN

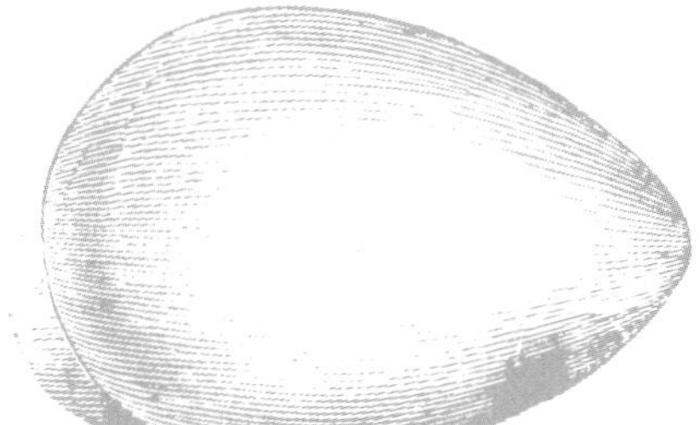

Altberliner Speckeierkuchen mit Kopfsalat

240 g Mehl, ½ l Weißbier, 6 Eier, Salz, 1 Prise Muskat und
1 Messerspitze Backpulver
Zum Braten: 120 g gewürfelter fetter Speck

Dieses Gericht wird besonders in der Frühjahrszeit gern gegessen.
Das Mehl wird in das Weißbier geschüttet und mit dem Schneebesen glattgerührt, dann werden die Eier, das Gewürz und das Backpulver untergerührt. Man läßt in einer größeren Stielpfanne jeweils 30 g fette Speckwürfel knusprig aus und gießt mit der Schöpfkelle die entsprechende Menge Eierkuchenmasse über den Pfannenboden. Der Eierkuchen wird von beiden Seiten schön goldgelb ausgebacken.
Man gibt die heißen Eierkuchen sogleich zu Tisch und ißt dazu Kopfsalat, den man in einem Dressing von Essig, Öl, Salz, Pfeffer, Zucker, feingewürfelten Zwiebeln, frisch gehackter Petersilie und frisch geschnittenem Dill angemacht hat.

Hoppel-Poppel

Ein echt berlinspezifischer Ausdruck, das Gericht geht vermutlich auf den Einfall eines Berufskochs zurück. Der Kegelclub des Vereins Berliner Köche heißt traditionsgemäß seit der Jahrhundertwende „Kegelclub Hoppel-Poppel“.

400 g Schnitzelabgänge von Kalb und Schwein, 1 Zwiebel, 1 TL Kümmel,
Salz, Pfeffer, gehackte Petersilie, 600 g kalte Pellkartoffeln ohne Schale,
12 Eier, 1 Salatgurke, 125 g Butter

Man schneidet die kalten Pellkartoffeln in ungefähre Würfel von ca. 2 cm Dicke und brät sie in einer Pfanne mit einer Flocke heißer Butter schön goldgelb-braun. Nebenher setzt man in einer anderen Pfanne mit etwas Butter das Schnitzel-

fleisch, das man in Streifchen geschnitten hat, an und würzt mit Salz und Pfeffer, die Pfanne muß gut heiß sein. Sobald das Fleisch gut angebraten ist, gibt man die fein gewürfelte Zwiebel hinzu und schwenkt mehrmals um.
Man nimmt nun eine Portionspfanne, läßt Butter darin heiß werden, gibt eine Portion des Röstfleisches und eine Portion der Röstkartoffeln hinzu, schwenkt alles gut um und gießt dann 3 zerschlagene Eier darüber, schwenkt weiter mehrmals um und stürzt das Gericht in Form eines Bauern-Omelettes auf einen Teller, streut Petersilie darüber und legt einige Scheiben Salzgurke bei. Wenn vorhanden, kann man auch einige Tropfen Kalbsjus oder Bratensaft angießen und so servieren.

Gekochte Eier mit Mostrichsauce

1/4 l Fleischbrühe, 1/8 l Milch, 50 g Butter, 50 g Mehl, ca. 50 g Senf, Salz, Pfeffer, 1 Prise Zucker, 1 Lorbeerblatt, 4 Pimentkörner, 8 Eier

Die Fleischbrühe mit den Gewürzen aufkochen, die Milch warm stellen. Von Butter und Mehl eine goldgelbe Einbrenne herstellen, mit der durchgegossenen Fleischbrühe auffüllen und glattrühren, dann die Milch unterrühren und den Senf. Mit Salz, Pfeffer und Zucker abschmecken, notfalls mit Essig nachwürzen. Die Sauce in einer Schüssel mit den abgepellten weichgekochten 5-Minuten-Eiern zu Tisch bringen. Man ißt dazu vorzugsweise Kartoffelmus und Kopfsalat.

Saure Eier mit Specksauce

70 g Magerspeck, 1 Zwiebel, 50 g Mehl, 3/8 l Fleischbrühe, 1 Schuß Essig, Salz, Pfeffer, Zucker, 3 EL saure Sahne, 8 Eier, 1 Bund Petersilie

Den gewürfelten Speck im Topf ausbraten, dann die gewürfelte Zwiebel mit anschwitzen, darin mit Mehl eine Einbrenne fertigen, mit der Fleischbrühe auffüllen und umrühren. Mit Essig, Salz, Pfeffer und Zucker abschmecken, mit der Sahne vollenden. Nebenher Salz-Essig-Wasser zum Kochen bringen und darin nach und nach die Eier einschlagen. Die verlorenen Eier 9 Minuten kochen, abtropfen lassen und in einer Schüssel mit der Specksauce servieren, Kartoffelmus dazu reichen und mit gehackter Petersilie bestreuen.

FISCHGERICHTE

Fischgerichte

Der Stralauer Fischzug war noch in den 20er Jahren ein Volksfest und im Ursprung des alten Fischerdorfes Berlin begründet. Sitz der Fischer war die Stralauer Halbinsel am Rummelsburger See, der Fischzug fand am Bartholomäustage statt. Im Stralauer Festzug wurde auch stets ein Riesenkrebs mitgeführt. Der edle Scherenkruster und Minihummer genoß in Altberlin große Beliebtheit, er lebt fort in den urberlinischen Küchenrezepten.
Krebse waren aus der Berliner Kochkunst überhaupt nicht wegzudenken. Sie figurierten als Krebsschwänze in Dillrahmsauce mit Butterreis und Salat, waren Grundlage der köstlichen Krebssuppe, und die gefüllten dekorativen Krebsnasen brauchte man zum Hühnerfrikassee Berliner Art wie auch zum Leipziger Allerlei, das hier berühmt wurde. Selbst aus der zerstoßenen Panzerkruste des Minihummers fertigte man die unentbehrliche Krebsbutter. Neben diesen Delikatessen aus märkischen Gewässern sei aber auch der herzhafte Matjeshering als Salzwasserfisch nicht vergessen. Der Berliner aß ihn mit Pellkartoffeln, grünen Bohnen und frischer Butter, ein Volksnahrungsmittel der Vorkriegszeit. Heute kostet solch eine ehemalige Arbeiterforelle als Neuer Matjes einen stolzen Preis in Berliner Martkhallen. König Wilhelm I. hatte die Gewohnheit, in der angrenzenden Hofküchenstube seinen Matjes mit Pellkartoffeln zu verspeisen.

Grashecht gebraten

Es handelt sich hier um einen jungen kleinen Portionshecht von ca. 300 g Gewicht, den im Vorkriegsberlin noch jedes bessere Haus ständig im Vorrat hatte, heute ist er allerdings sehr selten geworden.
Man braucht 4 dieser Tiere. Sie werden geschuppt, ausgenommen und wie üblich gesäubert, der Kopf wird nicht abgeschnitten. Die so vorbehandelten Fische werden mit dem Messer auf jeder Seite 3-4 mal eingekerbt, mit Salz, Pfeffer, Zitronensaft und 1 Spritzer Worcestersauce gewürzt, in Mehl gewälzt und in heißer Butterpfanne unter mehrmaligem Wenden goldgelb gebraten. Man serviert sie auf länglicher Platte, legt dünne Scheiben von geschälter Zitrone darüber, bestreut sie mit gehackter Petersilie und gießt anschließend braune Butter darüber.
Man ißt dazu Schwenkkartoffeln oder warmen Kartoffel-Speck-Salat und grünen Salat mit frischem Dill.

Havelaal grün mit Gurkensalat und Schwenkkartoffeln

1200 g geschlagener, ausgenommener Aal, Salz, Pfeffer, Salbeiblätter, Essig, 2 Zitronen, 80 g Butter, 50 g Mehl, 2 Eigelb, 1/4 l Sahne, 1 große oder 2 kleine Salatgurken, Petersilie, frischer Dill, 800 g Kartoffeln, 1 Zwiebel, 1 Prise Zucker

Wasser zum Kochen bringen, Salz, 1 Schuß Essig und Salbeiblätter hineingeben und darin den Aal langsam weich kochen, was ca. 15-20 Minuten dauert. Der Aal wird zuvor am besten in Stücke von ca. 150 g Gewicht geschnitten.

Von ca. 50 g Butter und dem Mehl eine helle Mehlschwitze herstellen, von der Aalbrühe durch ein Sieb die erforderliche Menge aufgießen und schnell mit dem Schneebesen glattrühren. Gut 1/4 l Sahne mit dem Eigelb verquirlen, die zuvor gebundene Aalsauce damit legieren und vom Herd zurückziehen. Pikant abschmecken mit Zitronensaft, Salz, Pfeffer und 1 kleinen Prise Zucker.

Gehackte Petersilie und geschnittene Dillspitzen erst kurz vor dem Anrichten unterziehen, damit die frische grüne Farbe erhalten bleibt.

Die Aalstücke im restlichen Fond am Herdrand warm halten. Zuvor hat man die Salzkartoffeln nebenher fertiggekocht, die kurz vor dem Anrichten in Butter und gehackter Petersilie geschwenkt werden.

Für den Gurkensalat die geschälten Gurken in dünne Scheiben schneiden oder hobeln, leicht ansalzen (nicht auspressen, Vitamine!), Pfeffer und Zucker sowie feine Würfelzwiebel zugeben. 1 Spritzer Essig, gehackte Petersilie und Dillspitzen zufügen. Alles gut vermischen, etwas ziehen lassen und evtl. mit flüssiger Sahne abrunden. Vor dem Servieren Geschmack prüfen. Der Geschmack des Gurkensalats muß lieblich süßsauer sein.

Man richtet den Aal auf Tellern an, nachdem man die Haut entfernt hat und übergießt ihn mit der frischen Dillsauce. Schwenkkartoffeln apart, Gurkensalat auf Glastellern.

Hecht gekocht in Spreewälder Sauce

Kein Berliner, der früher nicht wenigstens einmal im Spreewald gewesen wäre! Spreewälder Speisen haben eine schnelle Aufnahme in der alten deutschen Hauptstadt gefunden. Saure Gurken, nach Spreewälder Art eingelegt, finden sich heute noch als „Bierwellenbrecher" an den Theken Berliner Budicken im Hungerturm.

1 kg ausgenommener geschuppter Hecht,
2 EL Essig, 1 Lorbeerblatt, 5 Pimentkörner, Salz, Pfeffer, 1 Zitrone,
1 Petersilienwurzel, 75 g Möhren, 75 g Knollensellerie, 50 g Lauch,
1 große Zwiebel, 1 Bündchen gehackte Petersilie, 75 g Butter, 50 g Mehl,
1/8 l süße Sahne, 2 Eigelb

Etwa 1 l Wasser mit Essig, Lorbeerblatt, Pimentkörnern, Petersilienwurzel, den Petersilienstrünken und ausreichend Salz aufsetzen und zum Kochen bringen. Dann den gesäuberten und portionierten Hecht einlegen und garkochen lassen, das dauert ca. 15 Minuten.
Inzwischen Möhren, Sellerie und Lauch wie auch die Zwiebel in Stifte von der Dicke und Größe eines Streichholzes schneiden und in 25 g Butter andünsten, etwas Wasser oder Fischfond angießen und zugedeckt langsam garziehen lassen. Von der restlichen Butter und Mehl nun eine Mehlschwitze herstellen und unter ständigem Rühren und Glattschlagen von dem passierten Hechtfond so viel wie nötig aufgießen. 10 Minuten ausquellen lassen, dann die kurz gehaltenen Gemüsestreifchen untermischen und zum Schluß mit dem in der Sahne verrührten Eigelb legieren. Abschmecken mit Salz, Pfeffer und Zitronensaft.
Die Hechtschnitten mit der Spreewäldersauce anrichten und gehackte Petersilie darüberstreuen. Als Beilage Salzkartoffeln oder auch Dillkartoffeln und grüne Salate reichen.

Hecht gebacken mit Kartoffelsalat

Eine Erinnerung an das wieder auflebende Volksfest des Stralauer Fischzugs. Auch in der Niederlausitz ist das einfache Essen heimisch. Der Hecht ist ein Raubfisch, der auch heute noch zahlreich in brandenburgischen Gewässern sowie in Mecklenburgs herrlichen Seen vorkommt. Dieser Fisch wird bis zu 2 Meter lang und sage und schreibe bis 35 kg schwer, wenn er nicht vorher ins Fischernetz geht oder sich am Blinkerhaken eines Petrijüngers gefräßig festbeißt.

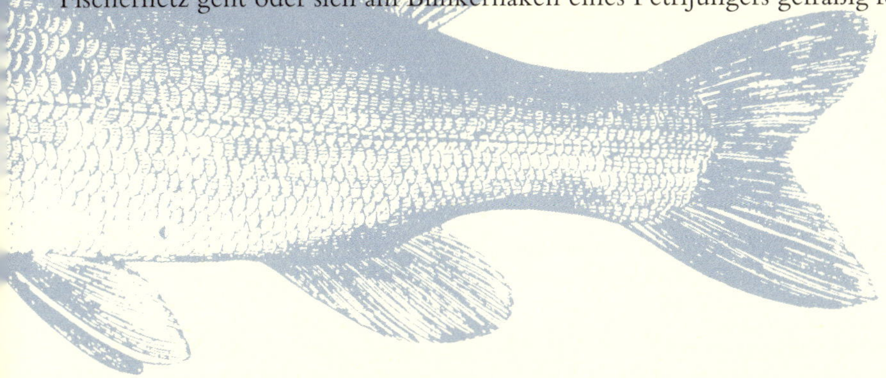

800 g geputztes, gesäubertes Hechtfilet,
Salz, Pfeffer, 1 Zitrone, 2 Eier,
etwas Mehl und geriebenes Weißbrot zum Panieren,
100 g Butter zum Braten

4 gleichmäßige Hechtschnitten schneiden, kurz abspülen, mit Salz, Pfeffer und Zitronensaft würzen und ca. 10 Minuten durchziehen lassen, dann die Schnitten in Mehl wälzen, durch das geschlagene Ei ziehen und mit dem Reibebrot panieren. In der heißen Butter von beiden Seiten schön goldgelb ausbacken.
Anrichten und je eine Zitronenecke beilegen, passend dazu Schwenkkartoffeln oder Dillkartoffeln. (Die heißen Kartoffeln in zerlassener Butter mit frisch geschnittenen Dillspitzen schwenken.)
Weitere Beilage: Kopf- und Gurkensalat, auch gebe man zum Essen in einer Sauciere braune oder zerlassene Butter, da Hecht besonders ein magerer Fisch ist (Fettgehalt 0,3 %). 100 g Hechtfleisch enthalten nur 45 Kalorien.
Ländlich in der Lausitz ist es auch üblich, den Hecht mit reichlich Butter, gesalzen und gepfeffert, in der Röhre zu braten und mit saurer Sahne fertigzudünsten.

Hechtklöße

Das Rezept stammt aus der Rezeptsammlung der Küche der Grafen von Waldersee, die heute ihren Stammsitz in Waterneversdorf haben. Dieses alte deutsche Adelsgeschlecht stammt direkt von dem berühmten sogenannten „Alten Dessauer“ ab. Ich hatte die Ehre, im Hause der Gabriele Gräfin Waldersee als Küchenchef tätig zu sein.

Für die Klöße: 500 g ausgelöstes Hechtfleisch ohne Haut und Gräten,
600 g Kalbsnierenfett, Salz, Pfeffer, Muskat, etwas Zitronensaft,
75 ml Milch, 4 Eigelb
Für den Sud: Salz, 1 Pimentkorn, 1 Lorbeerblatt, 1 Schuß Weinessig, 1/2 Zwiebel

Hechtfleisch und Nierenfett wurden früher fein gehackt und zermörsert, man dreht es heute durch die feinste Wolfscheibe, wenn nötig zweimal, und würzt es mit Salz, Pfeffer, Muskat und etwas Zitronensaft. In der heißen Milch wird das Eigelb zu einer Creme gerührt, die man unter die Hechtmasse gibt, alles zusammen wird dann im Topf auf der Brennstelle abgerührt und dann zurückgezogen. Man formt aus dem Teig Klöße oder sticht mit einem Suppenlöffel Nocken ab, die in kochendem Salzwasser mit Pimentkorn, Lorbeerblatt, Weinessig und einer Zwiebelhälfte während 15 Minuten langsam durchkocht. Anrichten, mit Krebssauce bekränzen, mit den Krebsschweifen belegen (Rezept S. 54) und mit gehackter Petersilie und geschnittenen Dillspitzen bestreuen. Beilage: Reis oder Butterkartoffeln und frische Salate.

Oderkrebse in Dillsauce

48 Krebse, 100 g Wurzelwerk (Lauch, Möhren, Sellerie), 1 Zwiebel,
3 EL Essig, 50 g Butter, 50 g Mehl, Salz, Pfeffer, 1 Prise Zucker,
2 Zitronen, 1/4 l süße Sahne, 4 Eigelb, geschnittener Dill, gehackte Petersilie

In einem ausreichend großen Topf Wasser ansetzen, das kleingeschnittene Wurzelwerk und die Zwiebel mit den Dillstrünken hineingeben und zum Kochen bringen. Den Essig hinzugeben, die Krebse portionsweise (damit sie keinen qualvollen Tod haben) hineinwerfen und ca. 15 Minuten kochen lassen. Sodann vom

Herd zurückziehen, Krebse mit dem Schaumlöffel herausnehmen und unter kaltem Wasser ganz kurz abspülen. Die Krebsschweife ausbrechen und die Därme entfernen. Den Krebsfond durchgießen, von Butter und Mehl eine helle Schwitze herstellen und unter Rühren mit dem Schneebesen mit dem noch heißen Krebsfond bis zur gewünschten Sämigkeit auffüllen. 10 Minuten mäßig kochen lassen, mit Salz, Pfeffer, Zucker und Zitronensaft abschmecken, das mit Sahne verrührte Eigelb unterziehen und dann nicht mehr kochen lassen, den geschnittenen Dill zum Schluß unterziehen. Von den Krebsschalen evtl. Krebsbutter herstellen. Warm gelegte Krebsschweife abtropfen, mit der Dillsauce bedecken, mit Krebsbutter beträufeln und gehackte Petersilie darüberstreuen. Beilage: Reis und grüner Salat.

Karpfen in Biersauce

Zu Feiertagen bildeten sich bestimmte Traditionen heraus. Am Gründonnerstag Grünkohl zu essen war ein ebenso geheiligter Brauch wie das Karpfenessen zu Weihnachten und Silvester. Rogen mußte mit dabei sein, soviel Körner soviel Glück sollte das Neue Jahr bringen.

Knapp 2 kg lebender Karpfen, 1 große Zwiebel, 100 g Knollensellerie,
100 g geriebenen Lebkuchen, $^{3}/_{4}$ l Bier, 1 Prise Salz, 1 Prise Zucker,
1 Zitrone, 100 g Butter, 30 g Mehl

Karpfen schlachten, säubern, Schuppen entfernen, in Portionsstücke schneiden, leicht salzen, pfeffern und mit Zitronensaft beträufeln. Zwiebeln in feine Würfel schneiden, ebenso den Knollensellerie.
Die Karpfenstücke leicht in Mehl wälzen und unter mehrmaligem Wenden in aufsteigender Butter beidseitig schön anbraten, dann Zwiebel und Sellerie darüberstreuen und kurz mit angehen lassen. Dann den geriebenen Lebkuchen darüber streuen und mit dem Bier aufgießen, zugedeckt langsam gardämpfen lassen, dann die Karpfenstücke vorsichtig herausheben. Die Butter mit dem Mehl vermischen und damit den Karpfenfond zur gewünschten Konsistenz binden. Nachschmecken mit Salz, Pfeffer und Zucker.
Den zuvor warm gestellten Karpfen mit der Sauce übergießen und servieren. Als Beilage eignen sich Butterkartoffeln und Kopfsalat.

Schellfisch gekocht mit Senfbutter

Dies ist der Fisch, der um 1790 hier in höherer Gunst stand als der heimische Zander, während heute der Zander zur teuren Rarität geworden ist.
Wer sich noch an die alte Zentralmarkthalle am Alexanderplatz erinnert, könnte nostalgisch werden ob des damals dort täglich angebotenen Fischreichtums. Und zu welchen für heutige Verhältnisse volkstümlichen Preisen! In den 20er Jahren kam dort ein Pfund Schellfisch 25 Pfennig. Auch Merlane waren an der Tagesordnung und junge Portionsschellfische, die gebraten eine köstliche Delikatesse waren, man findet diese heute kaum noch im Handel.

1 1/2 kg Schellfisch, 4 EL Essig, Salz, 1 Zwiebel, 1 Lorbeerblatt,
4 Pimentkörner, 150 g Butter, 1 Zitrone, 50 g Senf

Den Schellfisch putzen, innere schwarze Haut entfernen, den Blutstrang unter dem Rückgrat entfernen, schuppen, Flossen abschneiden und gut abspülen. Dann in 4 Portionen schneiden.
1 l Wasser mit Essig, Salz, der geschälten Zwiebel und den Gewürzen zum Kochen bringen und dann die Schellfischportionen einlegen. Kurz vor dem erneuten Aufkochen den Topf von der Kochstelle zurückziehen und den Fisch ca. 10 Minuten durchziehen lassen.
Die Butter in einer Kasserolle dreimal aufsteigen lassen und bei Bräunungsbeginn mit einem Löffel den Senf unterrühren.
Den Fisch mit heißen Salzkartoffeln servieren und die heiße Senfbutter über die Fischportionen gießen, auf einem Salatblatt Zitronenecke anlegen. Als Beilage eignet sich Kopfsalat.
Der Fisch wird auch gern mit Mostrichsauce gegessen. In diesem Falle wird unter Verwendung des Fischfonds eine gebundene Senfsauce gekocht und der Fisch damit begossen.

Schleie blau

4 Portionsschleie à 350-400 g, 4 EL Essig, 1 Zwiebel, 1 Lorbeerblatt, 4 Pimentkörner, Salz, Petersilie, 40 g geriebener Meerrettich und etwas geschlagene Sahne, 1 Zitrone, 200 g Butter

Die frischen Schleien schlagen (Schlag auf den Kopf), ausnehmen – selbstredend nicht schuppen –, waschen und säubern. 2 l Wasser mit Essig, Salz, der geschälten Zwiebel und den Gewürzen in einem Topf oder Fischkocher zum Kochen bringen.

Wie im Rezept für Schleie in Dill (Rezept S. 58) beschrieben, den Schleien vor dem Einlegen das Rückgrat brechen. Die so vorbehandelten Fische nun einzeln vorsichtig in das kochende Wasser gleiten lassen und ca. 15 Minuten bei mäßiger Hitze garen, das Wasser soll nicht wallen oder brausen. Die Schleie sind gar, wenn sich die Flossen leicht herausziehen lassen.

Dann die Butter zerlassen und in eine Sauciere füllen. Die abgetropften heißen Schleie anrichten und die blaue Haut mit dem Butterpinsel bestreichen, damit sich die Bläue hält. Petersiliensträußchen ins Maul stecken, eine Zitronenecke auf einem Salatblatt beilegen und heiße Salzkartoffeln mit Sahnemeerrettich dazu reichen. Herren lieben statt zerlassener Butter braune Butter dazu.

In gleicher Weise bereitet man auch Karpfen blau.

Schleie in Dillsauce

4 Schleie à je 350-400 g, 1 Prise Salz, 3 EL Essig, 1 Zwiebel, 1 Lorbeerblatt, 4 Pimentkörner, 1 Prise gemahlener Thymian, 50 g Butter, 40 g Mehl, 1/4 l leichte Fleischbrühe, 2 Eigelb, 4 EL saure Sahne, Pfeffer, Zucker, Zitronensaft, 2 Bündchen frischer Dill, 1 Schuß Weißwein

1 1/2 l Wasser mit Salz, Essig, der geschälten Zwiebel, Lorbeerblatt, Pimentkörnern, Thymian und den Dillstrünken zum Kochen bringen.

Den geschlagenen, ausgenommenen und gesäuberten Schleien mit beiden Händen durch Einlegen der Daumen in das Innere das Rückgrat von oben nach unten brechen, damit Sie sich beim Einlegen der Fische durch das Schwanzschlagen nicht verbrühen.

In den kochenden Fischsud die Schleien einzeln, zuerst mit dem Kopf, in das kochende Wasser halten und dann langsam hineingleiten lassen. Bei langsamem Kochvorgang garkochen lassen. Der Fisch ist gar, wenn sich die Schwimmflosse leicht herausziehen läßt.

Aus Butter und Mehl eine helle Mehlschwitze herstellen. Mit der leichten Brühe auffüllen, glattschlagen und etwas Fischfond hinzugeben. 10 Minuten ausquellen lassen, dann das Eigelb mit der Sahne verrühren und damit die Sauce legieren, von der Kochstelle zurückziehen. Mit Salz, Pfeffer, Zucker und Zitronensaft abschmecken, ganz zuletzt den geschnittenen Dill unterziehen und einen kleinen Schuß Weißwein zugeben.

Die gekochte Schleie gut abgetropft auf den Teller legen, die blaue Haut abziehen und mit der Dillsauce überziehen, Salatblatt mit Zitronenecke anlegen, als Beilage grüne Salate und Schwenkkartoffeln.

Havelzander gebraten mit Kartoffelsalat

Zander war in Berlin und der Mark Brandenburg von jeher sehr beliebt, er kommt in den Flüssen und Seen der Mark auch reichlich vor. Er ist ein Raubfisch, ein sogenannter Hechtbarsch, und wurde früher auch Sandart genannt. Junge Zander bzw. Portionszander werden im Ganzen gebraten, mit Kopf, dann aber auf beiden Seiten eingekerbt wie junge Flußhechte. Von größeren Zandern schneidet man Portionstranchen.

Zum Kartoffelsalat: 1,2 kg gepellte Kartoffeln,
2 EL Weinessig, Salz, Pfeffer, 1 Prise Zucker, 1 große Zwiebel, 100 g Magerspeck
Zum Fisch: 1,2 kg ausgenommener und geschuppter Zander,
Saft einer Zitrone, Salz, Pfeffer, etwas Mehl, 100 g Butter,
gehackte Petersilie, 1 Zitrone in Sechsteln

Pellkartoffeln in Scheiben schneiden. Von $^1/_8$ l Wasser mit dem Essig, etwas Salz, Pfeffer, Zucker und der gewürfelten Zwiebel die Marinade herstellen und fünf Minuten aufkochen. Den heißen Fond dann über die geschnittenen Kartoffeln gießen, ziehen lassen und zum Schluß den in Würfel geschnittenen Magerspeck ausbraten und untermischen.
Nebenher den gesäuberten Zander, wie oben portioniert, mit dem Saft einer Zitrone säuern und mit Salz und handgemühltem Pfeffer würzen, in Mehl wälzen und in einer Stielpfanne in aufsteigender Butter unter mehrmaligem Wenden langsam schön goldgelb-bräunlich braten.
Zum Essen Zitronensechstel zugeben und mit Petersilie bestreuen. Als Beilage eignet sich Kopfsalat.

MAHLZEITEN VON SCHLACHTFLEISCH UND GEFLÜGEL

Mahlzeiten von Schlachtfleisch und Geflügel

Wohl nur noch wenigen Berlinern ist die Entstehung des Namens Eisbein bekannt. Es ist überliefert, daß das winterliche Lieblingsessen zum ersten Male in der Umgebung des alten Görlitzer Bahnhofs serviert wurde. Mit Kälte oder kalten Füßen hat es nichts zu tun. Mangels Eisenverarbeitung fertigte man früher im Winter für die Kinder aus den Schienbeinknochen des Schweins Schlittschuhkufen zum unterschnallen, woraus im Volksmund die Vokabel Eisbein entstand und erhalten blieb.
Das in Deutschland weit bekannte Casseler Kotelett stammt nicht aus Kassel, es handelt sich um eine Erfindung des Berliner Fleischermeisters Cassel, der sein Geschäft in der Potsdamer Str. 15 hatte.
In Überlieferungen heißt es, daß Bockwurst zuerst am Hackeschen Markt angeboten wurde. Die Berliner Fleischerinnung vertritt die Auffassung, daß sie erstmals auch in der Umgebung des Görlitzer Bahnhofs 1889 aufgetaucht sei. Der Gastwirt Richard Scholtz in der Skalitzerstraße bewirtete eine Tafelrunde Studenten mit Bockbier. Da der Wirt seinen Gästen etwas Besonderes bieten wollte, kaufte er beim Fleischer Löwenthal einige von dessen Spezialwürsten. Zu vorgerückter Stunde servierte Scholtz der lustigen Studentenrunde die leckere warme Wurst. Die Kommilitonen ernannten die Wurst zur Partnerin des Bockbiers. Fortan war diese Wurst bei Gastwirt Scholtz der Dauerrenner, und er erhielt den Namen Bockwurst-Scholtz! Was wäre auch Berlin ohne seine Wurstmaxen gewesen, der Berliner ißt seine Bockwurst als schnellen Magentrost mit Kartoffelsalat oder mit seiner Schrippe.
Aschinger, die blau-weiße Gaststättenkette bayrischen Ursprungs, war Pionier der Berliner Würstchenentwicklung, Aschingers Bierwurst wurde berühmt, dazu die Gratisbrötchen. Ein Aschinger Prokurist vertraute mir an, daß die Gaststätte besonders vor Ultimo (Monatsende) den Status eines Wohlfahrtsamtes annehme, denn einen Teller Löffelerbsen am Stehtisch und einen Korb Gratisbrötchen dazu, das gebe es sonst nirgends auf der Welt. Bei unserem Streifzug durch Altberlin seien auch folgende berlintypische Mahlzeiten nicht vergessen: Hammelrippchen mit grünen Bohnen, Bratwurst in Biersauce mit Kartoffelmus (Stolzer Heinrich), Sülzkotelett mit Bratkartoffeln, Sauerbraten mit Klößen, Löffelerbsen mit Spitzbein, Pökelspitzbein mit Meerrettichsauce und Kartoffeln, Gänse-Pökelfleisch mit Teltower Rübchen, gekochte Rinderbrust mit Meerrettichsauce, Bouillonkartoffeln und Rote Beete, Saure Eier mit Specktunke und Kartoffelmus.

Buletten

Buletten sind eine Berliner Leibspeise, die immer auch mal zwischen Tür und Angel verzehrt wird, sowie an Imbißständen, Biertheken, in den „Budicken“ und zu sonstigen Gelegenheiten. An rustikalen Buffets taucht sie neben den bekannten Hackepeterbrötchen auf. Sie dient auch, wie manches andere, als Bierwellenbrecher, wird kalt und warm gegessen, mit einer Schrippe und Mostrich dazu. Selbstverständlich enthält die Bulette auch im Innern die Berliner Schrippe, aber in Maßen.

250 g Hackfleisch, halb Rind, halb Schwein,
125 g durchgedrehtes Kalbfleisch, 125 g feine Bratwurstmasse,
2 eingeweichte Schrippen (Brötchen), ca. 1 Tasse Milch,
Salz, Pfeffer, 1 Reibestrich Muskat, 50 g Butterschmalz

Die Schrippen in Milch einweichen, ausdrücken und mit dem Fleisch und den Gewürzen gut mischen und verreiben, bis die Masse die nötige Bindung hat. In gleichmäßig runde, flachgedrückte Buletten formen und in dem heißen Butterschmalz beidseitig hellbraun braten. Dies die beste Bulettenrezeptur, wie sie auch von den Berliner Fleischern bevorzugt wird.

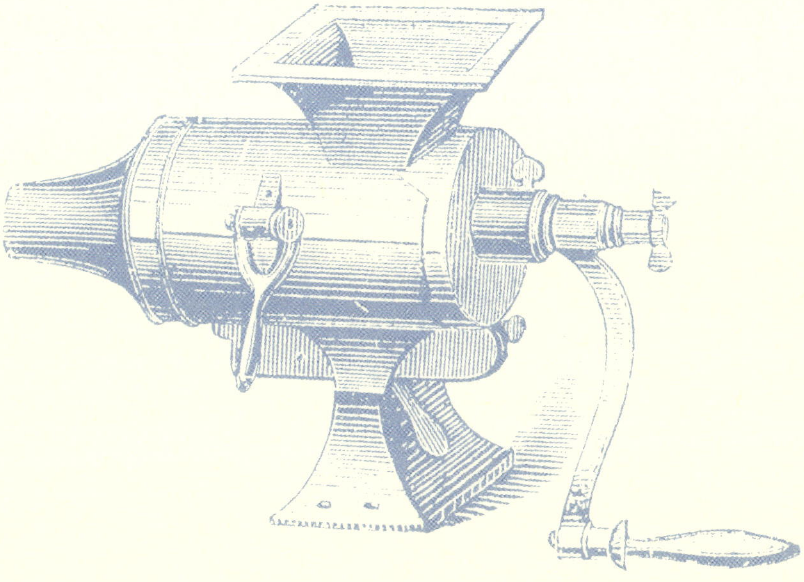

Berliner Eisbein

Ein wirklich klassisches Berliner Gericht, bei Kegelabenden, Richtfesten und allen möglichen Gelegenheiten besonders in der kalten Winterszeit gern und oft gegessen. Eine richtige Unterlage, sagt der Berliner, danach einem Umtrunke reichlich zuzusprechen.
Das Gericht tauchte im 19. Jahrhundert erstmals in einer Gaststätte in der Umgebung des alten Görlitzer Bahnhofs auf, wo die Züge der Reichsbahn aus der Niederlausitz, aus Schlesien und dem Oderbruch ankamen.
Vermutlich haben ländliche Besucher aus dem Bauernstand durch Mundpropaganda das Gericht an einen Berliner Gastwirt vermittelt, denn gerade bei den Bauern war in Zeiten ohne Kühltechnik das Pökeln von Schlachtfleisch eine bedeutende Konservierungsmethode.

2-2,4 kg Eisbein vom Fleischer in Stücken von 500-600 g portioniert und gepökelt, 5 Pimentkörner, 4 Pfefferkörner, 2 Lorbeerblätter, 1 Zwiebel, 1 Prise Zucker

Eisbein gut abwaschen und zusammen mit den Gewürzen und der geschälten Zwiebel in einem großen Topf mit ungefähr 3 l Wasser 1 Stunde lang gleichmäßig weichkochen lassen. Machen Sie mit dem Daumen die Druckprobe: Wenn sich das Fleisch leicht vom Knochen zu lösen beginnt, ist es weich. Durch das Mitkochen von Zucker erhält das Fleisch eine rosa Farbe wie Marzipan. Auf Tellern oder Porzellanplatten anrichten, zusammen mit Erbsbrei von gelben Erbsen (Rezept S. 37), Sauerkraut und 2 halben Salzkartoffeln. Auf den Erbsbrei gibt man 1 TL Panaché, das sind ausgebratene Würfel von Magerspeck und Zwiebel. Mostrich mit auf den Tisch stellen und nicht dabei vergessen: die Berliner Molle, die dazu richtig zischt.

Casseler Rippenspeer

Eine Erfindung des Berliner Fleischermeisters Cassel aus der Potsdamer Straße in Berlin aus dem 19. Jahrhundert.

800 g Casseler Kotelettstück im Ganzen, 1 große Möhre, 1 mittlere Zwiebel, 1 Lorbeerblatt, 5 Wacholderbeeren, 1 guter Schuß Rotwein, 1/8 l saure Sahne, ca. 1 TL Speisestärke, etwas handgemühlter Pfeffer

Das abgespülte Casseler mit der Fettseite nach unten in eine Ofenpfanne legen, die geschälte, grob zerkleinerte Zwiebel, Möhrenstücke, Lorbeerblatt und die zerstoßenen Pfeffer- und Wacholderkörner dazugeben. Mit knapp 1/2 l kochendem Wasser übergießen und in den vorgeheizten Ofen bei 180-200 °C schieben. Nach 1/2 Stunde wenden und danach öfter mit dem Bratenfond übergießen und, falls notwendig, einen Schuß Wasser nachfüllen. Den Braten noch ungefähr 40 Minuten nach dem Wenden weiterschmoren lassen.

Dann herausnehmen und mit einem kurzen Auslösemesser vom Knochen lösen. Die zerkleinerten Knochen in der Ofenpfanne nochmals mit angehen lassen, das Fleisch zugedeckt warm halten.

Den Bratenfond durch ein Sieb in einen Topf gießen und mit dem Rotwein kurz aufkochen lassen, etwas Speisestärke in der sauren Sahne verrühren und damit die Sauce binden. Falls notwendig, mit etwas Salz nachschmecken.

Das Fleisch in Tranchen schneiden und saucieren, Sauce noch extra reichen. Als Gemüsebeilagen eignen sich vorzüglich Sauerkohl, Rotkohl und Spinat.

Falscher Hase mit Rahmsauce

500 g Hackfleisch, halb Rind, halb Schwein,
1 Ei, 1 eingeweichte altbackene Schrippe, 50 g fein gewürfelte Zwiebel,
Salz, Pfeffer, 1 Prise Muskat, 100 g fetter Speck in Würfeln,
50 g Schmalz, 1 Tasse saure Sahne, Saft von ½ Zitrone

Das durchgedrehte Fleisch mit Ei, Zwiebel, der gut ausgedrückten Schrippe, Salz, Pfeffer, Muskat und dem Würfelspeck kräftig durcharbeiten, so daß eine gute Bindung entsteht.

Von der Masse mit nassen Händen einen länglichen, brotähnlichen Laib formen. In einer passenden Ofenpfanne das Schmalz heiß werden lassen und den „Falschen Hasen" hineinlegen. Im mittelheißen Ofen ca. ½ Stunde unter mehrmaligem Begießen schön braun braten und nach dem Garwerden herausnehmen. Nun das Fett aus der Ofenpfanne abgießen und den Bratensatz mit gut ½ Tasse Wasser ablöschen, durchkochen lassen und dann die Sahne zugießen.

Von dem abgegossenen Fett mit etwas Mehl eine leichte Schwitze herstellen und damit die Sauce zur gewünschten Dicke binden. Abschmecken mit Salz, Pfeffer und Zitronensaft.

Zum Anrichten den falschen Hasen in Scheiben schneiden und mit der Sauce begießen, als Beilage eignen sich je nach Jahreszeit Rotkohl, Grünkohl, Spinat, grüne Bohnen, Salzkartoffeln oder Kartoffelmus.

Feines Ragout, in der Muschel überbacken

*125 g gekochtes Kalbfleisch, 125 g gekochtes Hühnerfleisch,
1 kleine Kalbsmilch, 1 gekochte Kalbszunge, Salz, 1 Zwiebel, 2 Pimentkörner,
1 Lorbeerblatt, 1 Schuß Essig, 125 g gekochte Champignons,
4 Muschelschalen Saint-Jacques (Jakobsmuschel)
Zur Sauce: 50-60 g Butter, 40 g Mehl,
von der Kalbs- und Hühnerbrühe gut 1 Kaffeetasse, etwas Milch,
1/4 Tasse Weißwein, 1/2 Tasse süße Sahne, 2 Eigelb, Saft von 1/2 Zitrone,
Salz, Pfeffer, 1 Prise Zucker, 1 Spritzer Worcester-Sauce,
40-50 g geriebenen Parmesankäse*

Am Vortag das Hühnerfleisch, Kalbfleisch und die Kalbszunge in Salzwasser mit Zwiebel, Pimentkörnern und Lorbeerblatt abkochen. Die Kalbsmilch ebenfalls am Vortag in Salzwasser mit einem kleinen Schuß Essig abkochen. Die Kalbszunge und das Kalbsbries enthäuten. Alles Fleisch, Zunge, Kalbsmilch und Champignons in feine Würfelchen von ca. 5 mm Dicke schneiden.

Von der Butter und dem Mehl eine helle Mehlschwitze bereiten, die heiße Brühe und etwas Milch aufgießen und glattrühren, langsam 15 Minuten ausquellen lassen. Falls die Sauce zu dick wird, Brühe nachfüllen, falls zu schlank, nachbinden. Würzen mit Salz, Pfeffer, Zucker, Zitronensaft und einigen Tropfen Worcester-Sauce. Das Eigelb mit der Sahne verquirlen, dann die Sauce an den Herdrand ziehen und dort mit der Ei-Sahne-Legierung vollenden. Nun das gewürfelte Fleisch etc. in die Sauce geben, gut umrühren und geschmacklich nochmals nachprüfen. Die Sauce muß gut binden und decken, sie sollte nicht verlaufen.

Nun das Ragout in die Muschelschalen verteilen, mit dem Reibekäse bestreuen, ein Butterflöckchen auflegen und im heißen Ofen oder Grill wenige Minuten goldbraun überbacken. Beim Servieren Zitronenspalten mit anlegen.

Wie so manches andere, brachten die Hugenotten das Gericht Ragout fin mit nach Berlin, die Berliner machten ihr Raguh Feng daraus. Hier in Berlin – und nicht in Frankreich – wurde dies Gericht populär.

Frische Blut- und Leberwurst

Eine Altberliner Mahlzeit, die sich hartnäckig bis in unsere Tage erhalten hat. Die wohl bekannteste Gaststätte, die den Brauch weiterpflegt, ist das *Hardtke* in der Meineckestraße am Ku'damm. Ich kann aus meiner Praxis versichern, daß selbst MdBs, Bundesminister und Prominente bei ihren Berlin-Aufenthalten dem urigen Gericht zusprachen, natürlich nebst einer Molle und hinterher noch einigen „Körnern".

Ende des 18. Jahrhunderts führte der Kneipier Friebel am Molkenmarkt 11 folgenden Brauch ein: Er stellte sich am Freitag, dem Schlachttage, abends nach getaner Arbeit in neuer, blütenweißer Schürze vor die Türe seiner Budicke, um frische Luft zu schnappen. Dies war für die Leute der Umgebung das Signal, daß die Arbeit nun beendet sei. In Kürze füllten sie Meister Friebels Budicke, um seine Wurstsuppe zu schlürfen oder frische Blut- und Leberwurst zu essen. Bald ahmten andere Kneipiers oder Fleischer diese Sitte nach. Heute hängt man statt einer Schürze die weiße Fahne vor den Laden, mit der Aufschrift: Heute frische Blut- und Leberwurst.

Kaufen Sie bei Ihrem Fleischer pro Person je 1 frische Blut- und Leberwurst, achten Sie auf Qualität. Die Würste sollen nach dem Erhitzen nicht zerlaufen, aber auch nicht zu fest sein, ihr schmackhafter Inhalt soll nach dem Öffnen aus dem Darm herausperlen.

Man ißt Sauerkraut und Salzkartoffeln dazu oder, wenn der Hunger nicht so groß ist, eine trockene Schrippe.

Man kennt auch eine Schlachteplatte. Dazu richtet man auf Sauerkraut neben den Würsten noch eine Scheibe Wellfleisch (Rezept S. 88), ein Stück gekochte Schweinsniere, einen Leberknödel und, wenn möglich, noch ein Rostwürstchen mit an. Selbstredend gehört Mostrich dazu auf den Tisch.

Gänseklein mit Petersiliensauce

Ein Essen, das in Berlin besonders zur Weihnachtszeit beliebt war und ist, früher natürlich von der Gans aus dem Oderbruch und nicht aus der Tiefkühltruhe. Mutter hatte die Gans nach sorgfältigem Prüfen und Wählen früher bei einem der zahlreichen und gut sortierten Wild- und Geflügelhändler erstanden. Von den Flügeln, Herz, Magen, Kopf, Hals und Füßen wurde das Gänseklein bereitet, das den großen und kleinen Berlinern, 1-2 Tage vor Heiligabend zu Tisch gebracht, den Auftakt zu noch schöneren und größeren Festesfreuden verhieß.

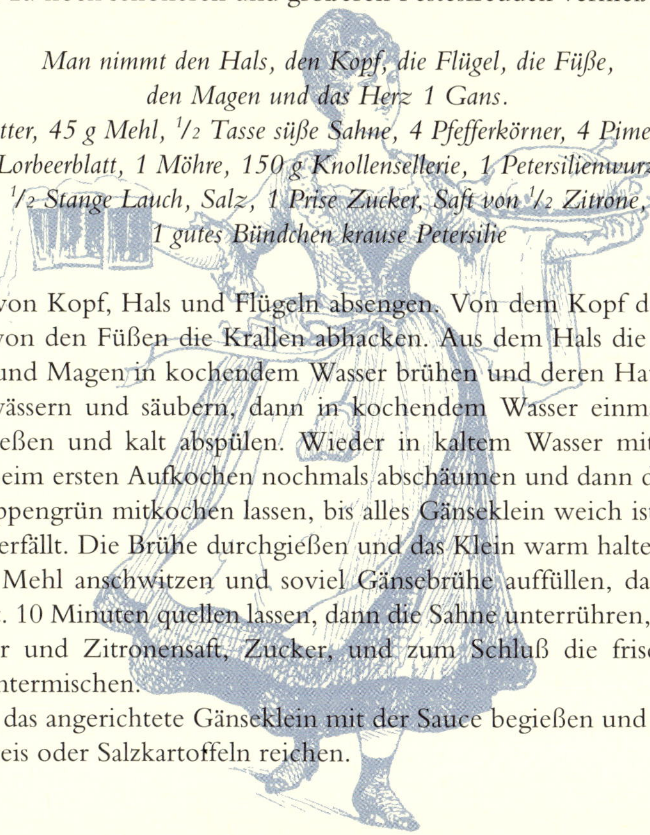

Man nimmt den Hals, den Kopf, die Flügel, die Füße,
den Magen und das Herz 1 Gans.
50 g Butter, 45 g Mehl, 1/2 Tasse süße Sahne, 4 Pfefferkörner, 4 Pimentkörner,
1 Lorbeerblatt, 1 Möhre, 150 g Knollensellerie, 1 Petersilienwurzel,
1/2 Stange Lauch, Salz, 1 Prise Zucker, Saft von 1/2 Zitrone,
1 gutes Bündchen krause Petersilie

Federreste von Kopf, Hals und Flügeln absengen. Von dem Kopf den Schnabel abhacken, von den Füßen die Krallen abhacken. Aus dem Hals die Gurgel ziehen. Füße und Magen in kochendem Wasser brühen und deren Haut abziehen. Alles gut wässern und säubern, dann in kochendem Wasser einmal aufwallen lassen, abgießen und kalt abspülen. Wieder in kaltem Wasser mit etwas Salz aufsetzen, beim ersten Aufkochen nochmals abschäumen und dann die Gewürze und das Suppengrün mitkochen lassen, bis alles Gänseklein weich ist, aber nicht so, daß es zerfällt. Die Brühe durchgießen und das Klein warm halten.
Butter mit Mehl anschwitzen und soviel Gänsebrühe auffüllen, daß die Sauce sämig deckt. 10 Minuten quellen lassen, dann die Sahne unterrühren, würzen mit Salz, Pfeffer und Zitronensaft, Zucker, und zum Schluß die frisch gehackte Petersilie untermischen.
Zum Essen das angerichtete Gänseklein mit der Sauce begießen und dazu körnigen Butterreis oder Salzkartoffeln reichen.

Gänsepökelkeule

2 große oder 3 kleine Gänsekeulen, 1 Zwiebel, 1 Lorbeerblatt,
4 Pimentkörner, 50 g Salz, 6 g Zucker, 8 g Pökelsalz

1 1/2 l Wasser mit Salz, Zucker und Pökelsalz aufkochen und erkalten lassen, dann die Gänsekeulen mit der geschälten Zwiebel, Lorbeerblatt und Pimentkörnern einlegen und 3 Tage darin pökeln. Die gepökelten Keulen dann in kochendes Wasser einlegen und zugedeckt etwa 1-1 1/2 Stunden weiterkochen lassen. Die Keulen dann halbieren und zusammen mit Teltower Rübchen (Rezept S. 39) und abgedämpften Salzkartoffeln servieren.

Gänsebraten

Der Berliner hatte von jeher eine innige Verbindung zu seinem geliebten Federvieh, den ersten Platz nimmt dabei bis auf den heutigen Tag der Gänsebraten ein, besonders zu Weihnachten. Die sogenannte Gänsebratenspitze bei den Berliner Gaswerken ist stadtbekannt. Die Liebe zum Federvieh zeigt auch die in Berlin nach dem Kriege voll angelaufene Hähnchenwelle, ihr berühmter Initiator, Hühner-Hugo, ist längst verstorben. Die Oderbrucher Hafermastgänse sind wegen ihrer Qualität am beliebtesten unter diesen zahmen Vögeln. Berlin war und ist Umschlagplatz dieses Geflügels für den mitteleuropäischen Raum.

1 junge Gans von 3 kg, 2 Äpfel, 1 Bündchen trockenen Beifuß, Salz

Die Gans sengen, ausnehmen, Hals abschneiden, die Füße unterhalb des Gelenks abhacken, das Tier gut säubern, die Flügel ebenfalls abhacken. Magen, Herz, Flügel, Hals und Füße zur späteren Verwendung als Gänseklein aufbewahren. Für den Hausgebrauch ist es nicht nötig, die Gans mit Dressiernadel und Faden zu binden. Die Gans innen und außen mit Salz einreiben, die Beine in die seitlichen Bauchlappen einstecken, die Äpfel und den Beifuß in das Innere einschieben und die Öffnung mit Faden zunähen. Die Gans nun mit wenig Wasser zunächst mit

der Brust nach unten in eine Ofenpfanne legen und in den vorgeheizten Ofen von ca. 180-200 °C schieben.
Den Bratvorgang beobachten und die Gans jeweils nach ungefähr 15-20 Minuten wenden, dabei mit dem sich bildenden Bratensaft übergießen, das ist wichtig. Das ausgebratene Gänsefett wird für den Fall, daß es zu reichlich ist, mit einer kleinen Schöpfkelle vorsichtig abgeschöpft, indem man die Ofenpfanne leicht hochkantet.
Wichtig ist das richtige Ablöschen des sich bildenden Bratensatzes auf dem Pfannenboden, der Bratensatz muß in dem Augenblick mit Wasser abgelöscht werden, wenn der Bodensatz noch bräunlich ist. Wenn der Vorgang zu weit fortschreitet, wird der Bodensatz schwärzlich und die Sauce damit bitter. Andererseits darf das Ablöschen auch nicht zu früh erfolgen, damit richtige Brat- und Röstaromen entstehen können und die Sauce eine schöne braune Farbe erhält.
Der richtige Augenblick dieses Ablöschens zeigt sich dadurch, daß der Bratensatz bei dem Aufguß des Wassers schäumend aufbraust. Es ist empfehlenswert, beim Angießen den Bodensatz mit einem Hotzlöffel abzuspateln und mit einem Bratenpinsel an den Innenwänden der Pfanne den dort befindlichen Bratensatz zu lösen, um auch diese Röstaromen der Sauce zu erhalten.
Je öfter der Vorgang des Reduzierens und Ablöschens erfolgt, um so besser wird die Sauce in Farbe und Geschmack.
Der Bratvorgang erfordert bei jungen Gänsen ungefähr 2 Stunden, bei älteren Tieren bis zu 3 ½ Stunden. Am Schluß der Bratphase die Gans auf dem Rücken liegen lassen, damit die Brusthaut die gewünschte und beliebte Knusprigkeit erhält. Den Garungspunkt erkennen Sie durch die Daumendruckprobe auf die Keulen: Wenn Sie leicht bis auf den Keulenknochen durchdrücken können, ist die Gans fertig.
Nun die Gans aus der Pfanne nehmen und der Länge nach in zwei Hälften tranchieren, den Beifuß herausnehmen und die Äpfel zum Anlegen bereithalten. Die Knochen, wie Brustbein und Rippen, soweit wie möglich ausbrechen, in die Pfannen geben und dort weiter mit anrösten. Von jeder Ganshälfte ein Bruststück, ein Mittelstück und ein Keulenstück tranchieren und warm halten.
Den in der Pfanne befindlichen reduzierten Bratsatz mit etwas Mehl bestäuben – nicht zuviel – und dann mit Wasser auffüllen. Nochmals 10 Minuten gut auskochen lassen, dann passieren und mit der Gans zu Tisch geben.
Der Berliner ißt zu seinem Lieblingsgericht Rotkohl, Grünkohl und Kartoffeln, zumeist aber schlesische Klöße. Die Bratäpfel werden mit angelegt.

Hammelfleisch mit grünen Bohnen

1 kg Hammelrippchen, 2 Zwiebeln, 800 g Kartoffeln, 800 g grüne Bohnen, 50 g Magerspeck, 30 g Mehl, 1 Lorbeerblatt, 1 Pimentkorn, 1 Nelke, Salz, Pfeffer, Bohnenkraut, Petersilie

Einen Topf mit Wasser aufsetzen und zum Kochen bringen. Die Hammelrippchen von überflüssigem Fett befreien und mit Lorbeerblatt, Pimentkorn, Nelke und 1 ganzen Zwiebel in das heiße Wasser geben und langsam weichkochen. Sodann die grünen Bohnen in der entsprechenden Menge abpassierter Hammelbrühe ansetzen und ebenfalls garkochen. Nebenher die Salzkartoffeln für die Beilage kochen.

Würfelspeck auslassen und mit gewürfelter Zwiebel weiter anschwitzen, mit dem Mehl eine Mehlschwitze herstellen und damit das Bohnengemüse binden. Bohnengemüse abschmecken mit Salz, Pfeffer und gerebeltem Bohnenkraut. Das Bohnengemüse auf flachem Teller oder ovaler Porzellanplatte anrichten, obenauf Stücke der gekochten Hammelrippchen recht heiß legen, mit gehackter Petersilie bestreuen und am Tellerrande 2-3 Salzkartoffeln plazieren.

Geschmorte Hasenkeulen in Rahmsauce

4 Hasenkeulen à 300 g, 100 g fetter geräucherter Speck in Streifen, Salz, handgemühlter Pfeffer
Zur Beize: 1/2 l Küchenrotwein, 3/4 Tasse Essig, 100 g Wurzelwerk, 1 Lorbeerblatt, 5 Pimentkörner, 5 Pfefferkörner, 6 Wacholderbeeren
Zur Sauce: 60 g Schmalz, Speckreste, 3/4 l Brühe, 50 g Mehl, 1/8 l saure Sahne, 1 kleine Dose Tomatenmark, 1 Prise Zucker, Saft von 1/2 Zitrone, 2 EL Rotwein

Hasenkeulen waschen, säubern, enthäuten, spicken. 2-3 Tage in die Beize legen, dann herausnehmen, abtropfen lassen, salzen und pfeffern.
Hasenkeulen im vorgeheizten Ofen bei 220 °C allseitig im heißen Fett anbraten, dann Wurzelwerk aus der Beize und Speckreste mit anrösten lassen. Mit Brühe löschen, Flüssigkeit verdunsten lassen. Diesen Vorgang noch zweimal wiederholen. Nun mit 1/2 l Brühe angießen und die Hasenkeulen bei öfterem Wenden 2-2 1/2 Stunden weich schmoren lassen. Keulen herausnehmen, warmhalten. Das Mehl mit der Sahne verquirlen, den Schmorfond unter Rühren damit eindicken, Tomatenmark zufügen. 10 Minuten langsam kochen lassen, mit Salz, Pfeffer, Zucker, Zitronensaft und Rotwein abschmecken. Sauce durch ein feines Sieb gießen. Die angerichteten Hasenkeulen mit der Sauce bedecken. Beilagen: Rotkohl, Grünkohl, Rosenkohl, Apfelmus und Preiselbeeren, Maronen, Kartoffelmus.

Berliner Hühnerfrikassee

Etwa 250 g Kuheuter, 1 Suppenhuhn von ca. 1 kg Gewicht, 1 Möhre, 100 g geputzter Knollensellerie, 1 Zwiebel, 4 Pfefferkörner, 4 Pimentkörner, 1 Lorbeerblatt, 1 kleine Kalbsmilch, 1 kleine Kalbszunge, 150 g rohe, gesäuberte Champignons, 125 g geputzte Morcheln, 12 sehr kleine Grießklößchen, 4 mit Grießmasse gefüllte Krebsnasen
Zur Sauce: Hühnerbrühe, 1/2 Tasse Weißwein, Champignonbrühe, Morchelbrühe, Kalbszungenfond, 50 g Butter, 45 g Mehl, Saft von 1/2 Zitrone und etwas von der Schale, Salz, Pfeffer, 12 Spargelspitzen, 12 Krebsschwänze, 1 Prise Zucker, 1 Tropfen Worcestersauce, 3/4 Tasse süße Sahne, 2 Eigelb, Blätterteighalbmonde, Kapern, Petersilie

Es handelt sich um das Original-Rezept, das, wie man sieht, zeitlich und auch materiell sehr aufwendig ist. Aber noch vor dem letzten Krieg wurde das Gericht so in jedem besseren Hause zubereitet und angerichtet, das mutet für unsere heutigen Verhältnisse unglaubhaft an.
Den Kuheuter am besten schon am Vortage kochen und im Fond erkalten lassen. Das Suppenhuhn mit Salz und den Gewürzen in reichlich Wasser ansetzen und nach dem ersten Aufkochen abschäumen, dann das Wurzelwerk zugeben, die Kochzeit beträgt je nach Alter des Tieres 2-2 1/2 Stunden. Die Kalbszunge und die Kalbsmilch separat in einem anderen Topf in Salzwasser kochen. Die durchgekochte Kalbsmilch nach ca. 15 Minuten herausnehmen, kalt abspülen, die Haut abziehen und beiseitelegen. Die Kalbszunge, wenn weich, ebenfalls kalt abspülen und Haut abziehen.
Das Huhn muß weich sein, darf aber nicht zerfallen. Es wird abgezogen, von allen Knöchelchen entbeint und in Stückchen von etwa Daumenkuppengröße geschnitten. Nebenher wurden die Champignons und die Morcheln in kleinen Kasserollen gargedünstet.
Für die Grießmasse Milch, Ei, Salz und Muskat in siedendem Salzwasser abkochen. 12 kleine Grießklößchen und die 4 mit der Grießmasse gefüllten Krebsnasen herstellen.
Nun von der passierten Hühnerbrühe ca. 1/2 l abnehmen und den Weißwein, etwas Champignonbrühe, Morchelbrühe und Kalbszungenfond hinzugießen. Von der Butter und dem Mehl eine helle Schwitze bereiten und unter beständigem Schneebesenrühren zur gewünschten Dicke auffüllen. Ein Stückchen Zitronenschale langsam 15 Minuten mit ausquellen lassen.

Mit Salz, Pfeffer, Zucker, Zitronensaft und einigen Tropfen Worcesterauce würzen, die Sahne-Eigelb-Legierung unterziehen, von der Brennstelle nehmen und durch ein Sieb gießen.
Mit den anderen warm gelegten Zutaten so verfahren:
Das Hühnerfleisch in einer tiefen Schüssel anrichten, darauf die Scheiben Kalbszunge legen, desgleichen den Kuheuter und die Kalbsmilch, darauf die Morcheln, Champignons und Spargelspitzen. Dann alles mit der heißen Sauce übergießen, den Rest in eine Sauciere füllen.
Auf der Frikasseeschüssel am Rand die Grießklößchen, die Krebsnasen und -schwänze und die Blätterteighalbmonde plazieren. Sofern vorhanden, mit Krebsbutter beträufeln und in die Mitte einige Kapern streuen, gehackte Petersilie darübergeben. Beilage: körniger Butterreis.
Morcheln sind heute sehr selten geworden, Sie können sich mit Konserven behelfen. Auch wenn Sie auf die Verwendung von Krebsen verzichten, haben Sie immer noch ein vollkommenes berlintypisches Gericht.

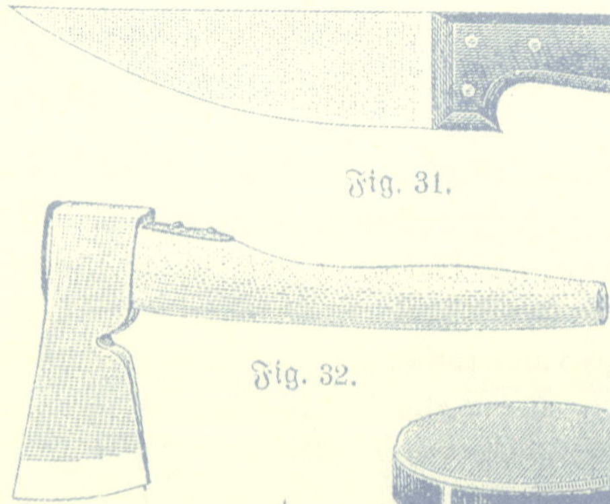

Fig. 31.

Fig. 32.

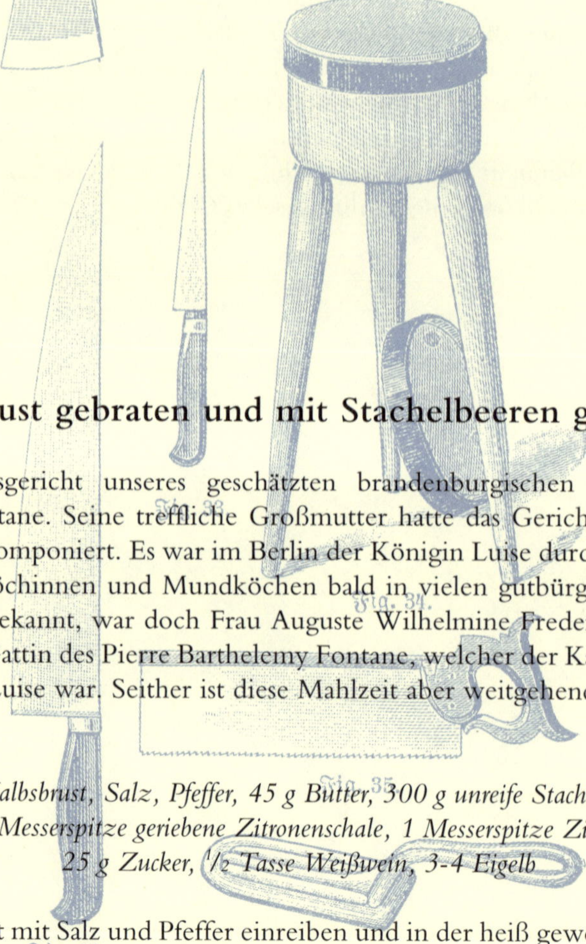

Fig. 33. Fig. 34. Fig. 35. Fig. 36.

Kalbsbrust gebraten und mit Stachelbeeren gedünstet

Das Lieblingsgericht unseres geschätzten brandenburgischen Dichterfürsten Theodor Fontane. Seine treffliche Großmutter hatte das Gericht seinerzeit für ihren Enkel komponiert. Es war im Berlin der Königin Luise durch Mundpropaganda von Köchinnen und Mundköchen bald in vielen gutbürgerlichen Haushaltsküchen bekannt, war doch Frau Auguste Wilhelmine Fredericke Charlotte Fontane die Gattin des Pierre Barthelemy Fontane, welcher der Kabinettssekretär der Königin Luise war. Seither ist diese Mahlzeit aber weitgehend in Vergessenheit geraten.

1 kg Kalbsbrust, Salz, Pfeffer, 45 g Butter, 300 g unreife Stachelbeeren,
1 Messerspitze geriebene Zitronenschale, 1 Messerspitze Zimt,
25 g Zucker, 1/2 Tasse Weißwein, 3-4 Eigelb

Die Kalbsbrust mit Salz und Pfeffer einreiben und in der heiß gewordenen Butter im Ofen unter Wenden und Begießen beidseitig schön braun braten.

Dann die gewaschenen und gesäuberten Stachelbeeren und die geriebene Zitronenschale mit anschwitzen lassen. Wenn dies geschehen ist, Zimt und Zucker zusetzen und mit dem Weißwein ablöschen.
Die Kalbsbrust in dem sich entwickelnden Bratenfond bei mittlerer Hitze schön weich dünsten und, sofern erforderlich, Wasser angießen.
Zum Schluß stellt man die Kalbsbrust warm und schlägt den Bratfond durch ein Sieb. Man verquirlt das Eigelb und bindet die Sauce damit sämig.
Als Beilage eignet sich am besten Kartoffelmus, möglichst in der alten, überlieferten Zubereitungsart, dann hat man ein historisches Gericht.

Berliner Kalbsfrikassee

*1 kg Kalbsbrust ohne Knochen, 1 Zwiebel, 100 g Sellerie,
3 Pimentkörner, 1 Lorbeerblatt, 1 kleine Kalbsmilch, 1/2 Blumenkohl,
200 g Morcheln, einige Spargelstückchen, 50 g Butter, 45 g Mehl,
1 kleines Gläschen Weißwein, Salz, 1 Prise Pfeffer, 1 Prise Zucker, 1/2 Zitrone,
1/2 Tasse süße Sahne, 2 Eigelb, etwas Worcestersauce, 50 g Kapern*

Die Kalbsbrust in Ragoutstücke von ca. 50 g Gewicht schneiden und in heißem Wasser mit etwas Salz ansetzen, aufkochen lassen und dann abschäumen.
Wurzelwerk und Gewürz zugeben und langsam etwa 3/4-1 Stunde garkochen.
Dann die Brühe absieben und die Frikasseestücke zugedeckt warm halten.
Die gewässerte Kalbsmilch extra gardünsten, abziehen und bereithalten. Die Blumenkohlröschen ebenfalls extra kochen und bereithalten, desgleichen die Morcheln und Spargelstücke.
Von der Butter und dem Mehl eine helle Schwitze zubereiten und unter Rühren soviel von der Brühe aufgießen, wie unter Zugabe des Weißweins erforderlich ist, 1 Stückchen Zitronenschale in der Sauce 15 Minuten lang mitkochen lassen. Dann die Sauce mit Salz, Pfeffer, Zucker, Zitronensaft und 1 Tropfen Worcestersauce würzen, das mit Sahne verquirlte Eigelb unterziehen und die Sauce durchs Sieb gießen. Das abgetropfte Frikasseefleisch in einer Schüssel anrichten, darauf die in Scheiben geschnittene Kalbsmilch legen und darüber die Blumenkohlröschen, die Morcheln und die Spargelstücke. Anschließend mit der Frikasseesauce begießen und mit den Kapern bestreuen.
Als Beilage eignet sich vorzugsweise ein körnig bleibender Butterreis, besonders empfehle ich hierfür den Bali-Reis.

Kalbsleber Berliner Art

700 g Kalbsleber, Salz und Pfeffer, etwas Mehl, 80 g Butter,
12 ausgestochene Apfelscheiben, 200 g geschälte Zwiebeln, etwas gehackte Petersilie

Die Kalbsleber von Sehnen und Häuten befreien und in nicht zu dicke Scheiben schneiden, mit Salz und Pfeffer würzen, in Mehl wälzen und von beiden Seiten in der Butterpfanne so anbraten, daß die Leber innen noch leicht rosa ist. Die ausgestochenen Apfelscheiben von ca. 1 cm Dicke ebenfalls in Butter braten. Die in dünne Scheiben geschnittene Zwiebel ebenfalls in Butter goldgelb anbraten. Man richtet die gebratene Leber auf einem Teller oder einer Platte an, gibt darüber die Röstzwiebeln, darauf die Apfelscheiben und bestreut alles mit gehackter Petersilie.
In die Mitte jeder Apfelscheibe kann man, der Optik wegen, je eine gedünstete Kirsche legen. Man reicht als Beilage Kartoffelmus und Kopfsalat.

Kohlrouladen

Ein Gericht alter Berliner Hausmannskost, auch bei den Hausfrauen beliebt, da es den Etat nicht zu sehr belastet. Wenn Kohlrouladen auf dem Speisezettel stehen, kommen jung und alt im Eilschritt zu Tisch.

Zur Füllung: 750 g Hackfleisch, halb Rind, halb Schwein,
1 eingeweichte altbackene Schrippe,
1 kleine Zwiebel, Salz, Pfeffer, Muskat, 1 Ei
Außerdem: 800 g Weißkohl, Salz, Pfeffer, Kümmel, etwas Schmalz,
1 Möhre, 100 g gesäuberten Knollensellerie, 1 Zwiebel,
etwas zerkleinerte Speckschwarten, 4 schöne Scheiben geräucherten Magerspeck,
1 EL Mehl

Von dem Fleisch, der gut ausgedrückten Schrippe, der gewürfelten Zwiebel, Salz, Pfeffer, Muskat und Ei eine gut durchgearbeitete Hackmasse bereiten.
Den Kohl vom Strunk befreien, säubern und die großen Blätter in kochendem Salzwasser ca. 10 Minuten abwellen, dann kalt abspülen und auf ein Tuch oder Sieb zum Abtropfen legen. Die Kohlblätter zu 4 gleichmäßigen Portionen auf dem Küchentisch ausbreiten, mit etwas Salz, Pfeffer und Kümmel bestreuen und

auf jede Kohlportion eine Rolle von dem Fleischgehäck legen. Nun das Fleischgehäck in die Kohlblätter einrollen und mit einem dünnen Faden binden. Nebenher in einer Ofenpfanne mit etwas Schmalz die Möhre, Sellerie und Zwiebel nebst den Speckabgängen (kleingeschnitten) anrösten. Danach die Pfanne aus dem Ofen nehmen, die 4 Kohlrouladen hineinlegen und auf jede obenauf 1 Scheibe Magerspeck geben. Im heißen Ofen bei 180-200 °C die Rouladen Farbe nehmen lassen und dann mit Wasser angießen. Wenn die Kohlblätter weich sind (Daumendruckprobe), herausnehmen und die Rouladen warm halten. Den abgelöschten Bratensatz mit angerührtem Mehl sämig binden und mit den Kohlrouladen zu Tisch geben. Nach Belieben kann man die Sauce auch mit Sauerrahm verfeinern. Als Beilage eignen sich Salzkartoffeln.

Königsberger Klopse mit Kaperntunke

Das Gericht kommt wie die Königsberger Fleck aus dem alten Ostpreußen und beweist einmal mehr die Liberalität und Aufnahmefreudigkeit Berlins.

600 g Hackfleisch, halb Rind, halb Schwein, 1 Ei,
ca. 50 g gewürfelte Zwiebel, 4 gewässerte Sardellen,
1 eingeweichte altbackene Schrippe, Salz, Pfeffer,
etwas Piment, 1 Lorbeerblatt
Zur Sauce: 50 g Butter, 40-50 g Mehl, Klopsbrühe,
Salz, Pfeffer, 1 Prise Zucker,
Saft von ½ Zitrone, 1 Tropfen Worcestersauce,
50 g Kapern, ½ Tasse süße Sahne, 1-2 Eigelb

Das fein durchgedrehte Fleisch mit dem Ei, der Zwiebel, den Sardellen und der gut ausgedrückten Schrippe solange durcharbeiten, bis die Masse eine gute Bindung erhält. Mit Salz und Pfeffer würzen. Von dieser Hackmasse ca. 75 g schwere, runde Bällchen abdrehen, die man in kochendem Wasser mit Salz, etwas Piment und 1 Lorbeerblatt ca. 20 Minuten abkocht.
Man stellt nun aus der Butter und dem Mehl eine helle Schwitze her, füllt soviel von der Klopsbrühe auf, wie zur erforderlichen Saucendicke notwendig ist, und rührt sie mit dem Schneebesen glatt. Die Sauce ca. 10-15 Minuten quellen lassen und, bei mäßigem Kochen, mit dem Holzlöffel rühren.
Abwürzen mit Salz, Pfeffer, Zucker, Zitronensaft und einigen Tropfen Worcestersauce, Kapern und Sardellen hinzugeben. Zum Schluß die mit Sahne verquirlten Eigelb unterrühren und die Sauce vom Herd nehmen.
Die Klopse anrichten und mit der Kapernsauce übergießen. Beilage: Salzkartoffeln, Gurke, Senfgurke oder Rote Beete.

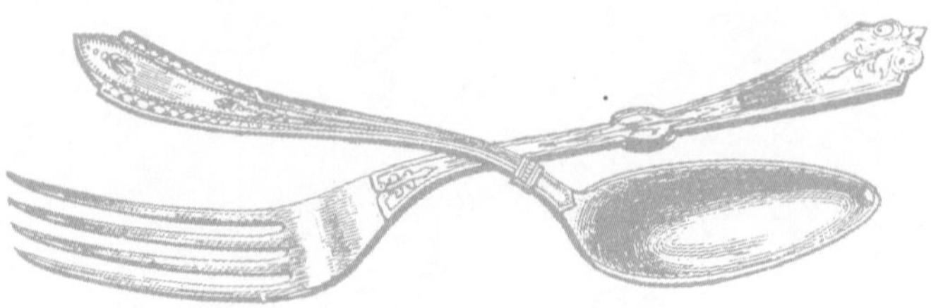

Laubenpiepers Sonntagsbraten

1 kg Kaninchenfleisch (Keulen und Läufe), 1 Kaninchenleber, Salz, handgemühlter Pfeffer, Rosenpaprika edelsüß, Butter, 100 g Wurzelwerk (Möhren, Lauch, Sellerie, Petersilienwurzel), 1/2 l Brühe oder Wasser, 40 g Mehl, 1/8 l saure Sahne, Zitronensaft

Kaninchenteile und -leber waschen, abtrocknen, mit Salz, Pfeffer und Rosenpaprika würzen.
Im vorgeheizten Ofen bei 220 °C Butter in der Ofenpfanne heiß werden lassen, Keulen, Läufe und Leber unter öfterem Wenden anbraten. Dann das Wurzelwerk darin mit anrösten, daß sich Röstaromen bilden. Mit etwas leichter Brühe oder Wasser angießen, ablöschen, weiterdünsten lassen. Diesen Vorgang nochmals wiederholen. Dann 3/8 l Brühe oder Wasser angießen, und die Teile darin weich schmoren lassen. Bei den Keulen und Läufen die Daumendruckprobe machen. Weiche Teile herausnehmen und warm stellen. Zum Schluß das Mehl in die Sahne quirlen und bei ständigem Rühren unter den Schmorfond ziehen. 10 Minuten langsam ausquellen lassen. Abschmecken mit Salz, Pfeffer und Zitronensaft. Durchseihen und die angerichteten Keulen und Läufe damit begießen.
Dazu passen Kartoffelmus oder Dampfkartoffeln und Feldkohl aus Laubenpiepers Hobbygarten!

Lungenhaschee mit Spiegelei

1 Kalbslunge mit 1 Kalbsherz (1 Geschlinge), 1 Zwiebel, 1 Möhre, 1 Petersilienwurzel, 100 g Sellerie, 5 Pimentkörner, 1 Lorbeerblatt
Zur Sauce: 60 g Würfelzwiebel, 50 g Butter, 50 g Mehl, Salz, Pfeffer, etwas Essig, 1 Prise Zucker, 1 Salzgurke, 4 Eier

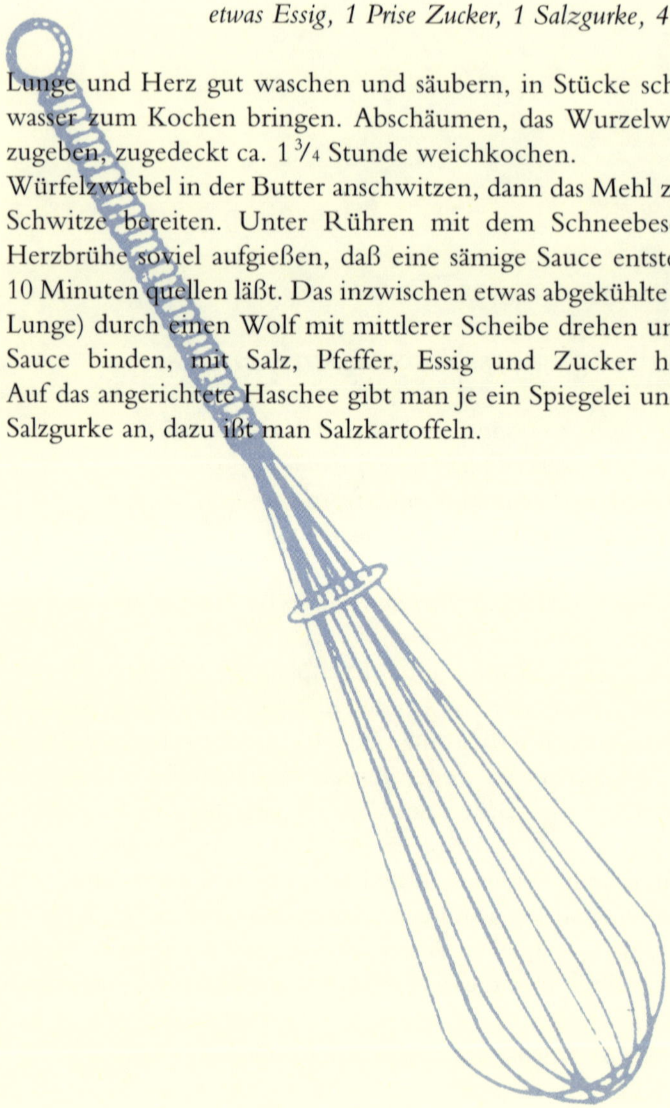

Lunge und Herz gut waschen und säubern, in Stücke schneiden und mit Salzwasser zum Kochen bringen. Abschäumen, das Wurzelwerk und die Gewürze zugeben, zugedeckt ca. 1 3/4 Stunde weichkochen.
Würfelzwiebel in der Butter anschwitzen, dann das Mehl zugeben und eine helle Schwitze bereiten. Unter Rühren mit dem Schneebesen von der Lungen-Herzbrühe soviel aufgießen, daß eine sämige Sauce entsteht, die man noch ca. 10 Minuten quellen läßt. Das inzwischen etwas abgekühlte Geschlinge (Herz und Lunge) durch einen Wolf mit mittlerer Scheibe drehen und das Gehäck mit der Sauce binden, mit Salz, Pfeffer, Essig und Zucker herzhaft abschmecken. Auf das angerichtete Haschee gibt man je ein Spiegelei und legt einige Scheiben Salzgurke an, dazu ißt man Salzkartoffeln.

Pökelkamm

Pökelkamm ist ein gepökelter Schweinenacken und gehört in Berlin neben dem Eisbein zu den beliebten Wintergerichten.

900 g Schweinepökelkamm, 1 Zwiebel, 1 Lorbeerblatt,
4 Pimentkörner, 1 Prise Zucker

Von dem Pökelkamm vor dem Kochen den Knochen auslösen. Ca. 1½ l Wasser mit der Zwiebel, den Gewürzen und dem Zucker zum Kochen bringen und dann das Stück Pökelkamm darin zugedeckt ca. 1 Stunde bis zum Garen kochen lassen.
Dann herausnehmen, in Portionsscheiben von ca. 1½ cm Dicke schneiden, etwas Pökelbrühe darübergeben und als Beilagen, wie beim Berliner Eisbein, Sauerkraut, Erbsbrei (Rezept S. 37) mit Speck und Zwiebeln und wenig Salzkartoffeln reichen.

Geschmorter Schweinekamm

1 kg frischen Schweinekamm, 100 g Wurzelwerk (Möhren, Sellerie, Lauch),
1 Zwiebel, 1 TL Kümmel, 1 Lorbeerblatt, 4 Pimentkörner, 4 Wacholderbeeren,
40 g Mehl, ca. 5 g Tomatenmark, Salz, Pfeffer

Den Knochen aus dem Kamm lösen und kleinhacken, das Fleisch mit Salz und Pfeffer einreiben und mit ¼ l Wasser in den vorgeheizten Ofen schieben. Während des Bratens öfter wenden und mit Bratenfond begießen. Sobald der Bratenfond reduziert ist, das kleingeschnittene Wurzelwerk nebst kleingeschnittener Zwiebel in die Pfanne legen und unter mehrmaligem Umrühren kräftig mit anrösten. Es empfhielt sich, das Tomatenmark mit anzurösten, weil dann eine braunere Saucenfarbe erzielt wird. Dann wieder mit Wasser ablöschen, angießen und den Kamm garschmoren lassen. Abschließend die Sauce mit wenig angerührtem Mehl binden und, mit Salz und Pfeffer abgeschmeckt, passiert zum Saucieren der Fleischtranchen nehmen. Dazu passen Rotkohl, Sauerkohl, Grünkohl, Teltower Rübchen (Rezept S. 39), Spinat, Gurkengemüse (Rezept S. 38), Kartoffeln, Püree und Klöße.

Rinderrouladen mit Kartoffelmus und Rotkohl

Ein oft und immer wieder gern erprobtes Berliner Sonntagsgericht.

4 Rouladenscheiben à 180 g, 1 große, Zwiebel, 4 dicke Speckstreifen,
4 dicke Streifen saure Gurke, ca. 20 g Senf, 25 g Butter, 60 g Schmalz,
½ Tasse süßer Sahne, etwas Kartoffelmehl, Salz, Pfeffer

Die in Scheiben geschnittene Zwiebel in der Butter leicht anschwitzen. Die Rouladenscheiben auf dem Tisch auslegen und, wenn nötig, klopfen, mit Salz und Pfeffer würzen und mit Senf bestreichen. Dann die geschwitzte Zwiebel gleichmäßig auf die Scheiben verteilen und auf jede Scheibe einen Streifen Speck und einen Streifen Gurke legen. Nun jede Scheibe zu einer Rolle drehen und entweder mit einem Faden binden oder mit einem Holzstäbchen feststecken. In einem passenden Eisentopf das Schmalz heiß werden lassen und darin die Rouladen von allen Seiten braun anbraten.
Dann bis zur Hälfte mit Wasser angießen, zudecken und, wenn möglich, in der Ofenröhre weichschmoren, was ungefähr 2 Stunden dauert. Wenn die Rouladen gar sind, herausnehmen, beiseite stellen und warm halten, den Bratfond nicht zu lang halten, die Sahne dazugießen, aufkochen und mit etwas angerührtem Kartoffelmehl leicht binden. Mit Salz und Pfeffer abschmecken.
Vor dem Anrichten die Fäden oder das Holzstäbchen entfernen. Als Beilage eignen sich besonders gut Rotkohl und Kartoffelmus.

Rinderbrust mit Bouillonkartoffeln, Meerrettichsauce und roten Rüben

Dies ist eines der herzhaftesten Berliner Essen.

1 kg frische Rinderbrust ohne Knochen, Salz, 3 Pimentkörner, 1 Lorbeerblatt,
1 Möhre, 1/2 Stange Lauch, 150 g Sellerie, 1 Petersilienwurzel
Zur Sauce: 50 g Butter, 40 g Mehl, 1/2 Tasse süße Sahne,
70 g frisch geriebener Meerrettich, Salz, Pfeffer, 1 Prise Zucker, Saft von 1/2 Zitrone

Die Rinderbrust in gut 1 l Wasser mit etwas Salz, den Pimentkörnern, dem Lorbeerblatt und dem Wurzelwerk ansetzen. Nach Kochbeginn abschäumen und bei mäßiger Hitze ca. 2-2 1/2 Stunden garen lassen. Dann die Rinderbrust herausnehmen und beiseite zugedeckt warm halten, die Brühe abpassieren und warm halten.
Aus dem Mehl und der Butter eine helle Schwitze zubereiten und mit der Brühe unter ständigem Rühren bis zur gewünschten Saucendicke auffüllen. Etwa 10 Minuten leicht kochen lassen, dann die Sahne und den geriebenen Meerrettich zusetzen und mit Salz Pfeffer, Zucker und Zitronensaft abschmecken. Die Rinderbrust in nicht zu dünne Tranchen schneiden und mit der Meerrettichsauce bedeckt anrichten. Beilage: Bouillonkartoffeln (Rezept S. 36) und rote Rüben, es eignen sich auch Salzgurken (Rezept S. 100) oder Senfgurken. Sie können die Meerrettichsauce statt mit Mehlschwitze auch nur mit eingeweichter Weißbrotkrume binden. Es ist berlinüblich, statt frischer Rinderbrust gepökelte Rinderbrust zu verwenden, was besonders von Herren bevorzugt wird.

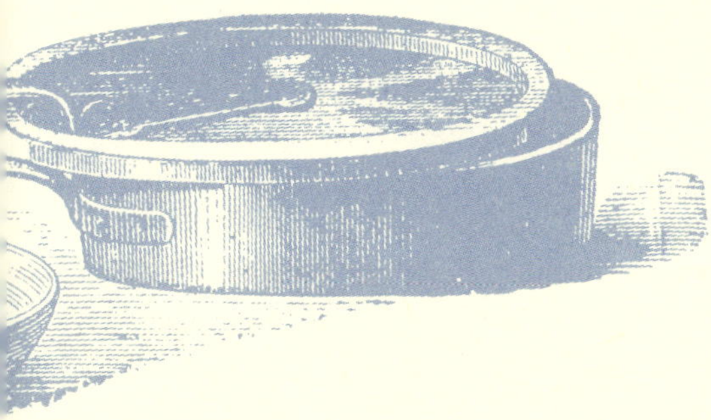

Rinderfleck auf preußische Art (Königsberger Fleck)

Königsberg in Ostpreußen, wo unser großer Denker Kant seines Amtes waltete, gehörte zu den stolzesten Besitztümern des großen Friedrich. Später war immer in Königsberg das Infanterie-Regiment No. 1 stationiert, zur Bedeutung der Wichtigkeit dieses Preußischen Rayons. Von daher fand ohne allen Zweifel auch das Gericht seinen Eingang in die deutsche Hauptstadt.
Morgens, schon vor dem ersten Hahnenschrei, wenn der eisige Ost-Nord-Ost-Wind durch die Gassen pfiff, öffneten die ersten Flecklokale ihre Pforten, besonders im Hafenviertel. Fuhrleute, Packer und Schauerleute, Stauer und Grandys aus dem Hafen waren neben den Nachtbummlern die ersten Gäste. Ehe erstere an die Arbeit oder die anderen heimwärts strebten, wurde der Tag mit diesem Gericht begonnen bzw. beendet.
Die Kuttelsuppe wurde aus einem kochendheißen Kessel ausgekellt, der ständig dampfte. Dazu nahm man sich einen Klacks Mostrich und ein Schälchen gerebelten trockenen Majorans, und wer es liebte, auch einen Schuß Essig. Das herzhafte Gericht vertrieb den Kater und wärmte auch durch, dazu schmeckte ein knusprig frisches Brötchen, dort ein Tülpchen Bier und in Berlin eine Molle. Auch auf den Wochenmärkten wurde ein Schälchen Fleck feilgeboten, wo Händler mit einem dampfenden Topf bereitstanden. Und hier haben Sie das alte Rezept:

1 kg roher Rinderpansen, 1 kg Rindermarkknochen,
2 Knollen Sellerie, 1 Petersilienwurzel, 2 Zwiebeln, 1 Möhre,
6 Pimentkörner, 10 Pfefferkörner,
2 Lorbeerblätter, 2 EL gerebelter Majoran

Am Vortag des Essens mit dem Ansetzen beginnen. Die Fleck gut säubern, waschen und in grobe Stücke schneiden, dann zusammen mit den Knochen in einem großen Topf knapp mit Wasser bedeckt ansetzen, etwas Salz zugeben. Das ganze ungefähr 3 ½ Stunden langsam kochen lassen, dann die kleingeschnittene Sellerie und Petersilienwurzel sowie die Gewürze zufügen und abermals ½ Stunde kochen lassen. Nun die Fleck in punkto Weichheit und Geschmack prüfen und, soweit erforderlich, nochmals ½ Stunde kochen lassen. Abschließend die Markknochen und die Fleckstücke aus der Suppe nehmen. Nachdem die Fleckstücke etwas erkaltet sind, in nudelige Streifen oder in Vierecke schneiden und wieder in die Suppe geben. Dann einen Schuß Essig und den Majoran in die Suppe geben. Die Suppe soll sämig sein, es ist jedoch unüblich, sie mit Mehl abzuziehen. Sehr heiß servieren.

Schnitzel Holstein

Besondere Historien haben sich um dieses Gericht im Laufe der Zeit gerankt. Mit der Provinz Schleswig-Holstein hat das Essen jedenfalls nicht die geringste Ursprungsbeziehung. Seine Namensgebung fand das Gericht durch die „Graue Eminenz", Geheimrat Fritz von Holstein, der im Kabinett Bismarcks tätig war und in dem Weinrestaurant *F. W. Borchardt* in der Französischen Straße nahe Unter den Linden zu speisen pflegte. Holstein, von Natur nicht gerade der Typ des gemächlichen Genießers, wortkarg, schweigsam, mußte dem Kellner mindestens die Worte „mein Schnitzel" sagen, wenn dieser die Order an die Küche geben sollte.
Von meinem Vater, Küchenchef Fritz Becker senior, der bei einem Hoftraiteur in dessen Austernstuben und Trüffelsalon lernte und später selbst Küchenchef des Restaurants *Unter den Linden* war, weiß ich, daß ein verstorbener Küchenmeister von F. W. Borchardt ihm und auch Direktor Willmer vom nahen *Kempinski,* die Begebenheit erzählte, wie es zu der eigentümlichen Anrichtemode des Gerichts gekommen sei:
Geheimrat Holstein erschien eines Tages wieder einmal in Eile und orderte bei dem Kellner „sein Schnitzel" und sogleich auch die Vorspeise. Ob nun willentlich vom Rottisseur und Gardemanger so gewollt, oder ob im Druck des Küchengeschehens ein Versehen unterlief, gleichviel, als jedenfalls der Kellner die Silberplatte bei Geheimrat Holstein abstellte, war folgendes neues Gericht geboren, das sich bis heute erhalten hat, infolge der Unkenntnis der Historie aber von Ahnungslosen immer wieder falsch angerichtet wird. F. W. Borchardts Kellner servierte es nämlich so:
Ein Kalbsschnitzel von ca. 180 g, gewürzt mit Salz und handgemühltem Pfeffer, in Mehl gewälzt und in Butter gebraten, belegt mit einem Spiegelei, dieses mit Kapern bestreut. Am Schnitzel angelegt: dreieckige, in Butter geröstete Weißbrotschnittchen, belegt mit Kaviar Ship Malossol, geräuchertem Danziger Stremellachs, Sardellenfilets und Sardinen. Als Garnitur auf Salatblättern etwas Rote Beete und saure Salzgurke.

Schweinebauch (Wellfleisch)

Schweinebauch, auch unter der Bezeichnung Wellfleisch bekannt, wird in Berlin vorzugsweise in gekochtem Zustand gegessen.

800 g gut durchwachsenen Schweinebauch, 1 Lorbeerblatt, 5 Pimentkörner, 1 TL Kümmel, 4 zerstoßene Pfefferkörner, Salz, 1 Zwiebel, 1 Stück Speck oder Schinkenschwarte, 1 kg Sauerkraut, 1/8 l Sahne, Salz, 1 Prise Zucker, 1 geriebene Kartoffel

Bei dem Schweinebauch die Rippenhaut mit dem Messer einritzen, damit nach dem Weichkochen die Rippen gezogen werden können.
1 1/2 l Wasser mit Lorbeerblatt, Pimentkörnern, Kümmel, Pfefferkörnern, der abgeschälten Zwiebel und der Schinkenschwarte ansetzen und zum Kochen bringen, etwas Salz und das zerpflückte Sauerkraut hinzugeben und den Schweinebauch hineinlegen. Zugedeckt ca. 50 Minuten weichkochen lassen. Das Lorbeerblatt, die Zwiebel und den Schweinebauch herausnehmen. Den Schweinebauch in Scheiben schneiden und warm legen.
Die Sahne mit der geriebenen Kartoffel vermischen und damit das Sauerkraut abziehen. Mit Salz und Zucker abschmecken.
Die Wellfleischscheiben auf dem Sauerkohl anrichten und Salzkartoffeln als Beilage anlegen.

Stolzer Heinrich

Eines der urigen Berliner Gerichte mit hurmorvoller Namensgebung, das mindestens aus der Zeit stammt, als Königin Luise noch die Landesmutter Preußens war. Das Gericht figuriert auch unter der Bezeichnung Bratwurst in Biersauce.

4 Berliner Bratwürste à 125 g, 50 g Butter, 1 Flasche Braunbier, 4 Stück Pfefferkuchen, etwas Milch, Salz, Pfeffer, 1 Prise Zucker

Die Bratwürste am besten vorher brühen, von beiden Seiten leicht anpieken und in Milch wälzen. Dann die Würste in der heißen Butter von beiden Seiten schön goldbraun braten, aus der Pfanne nehmen und heiß legen. Nun den zerdrückten

Pfefferkuchen in der Butterpfanne verrühren, bis er aufgelöst ist, mit dem Braunbier begießen, weiter umrühren und aufkochen lassen.
Mit Zucker, Pfeffer und Salz abschmecken, über die Bratwürste gießen und so zu Tisch bringen.
Dazu aß der Berliner Kartoffelmus, das mit Buttermilch hergestellt wurde, und in dem Würfel von ausgebratenem Magerspeck untergerührt waren.

Nasse und trockene Wildbeize

Nasse Wildbeize besteht aus 90 % bestem Küchenrotwein und 10 % Essig. Man gibt der Beize Wurzelwerk (Lauch, Möhren, Zwiebeln, Sellerie) grobgeschnitten bei, ferner 1 Lorbeerblatt. Das Wildfleisch einige Tage darin einlegen.
Für die Trockenbeize wird das Wildfleisch mit Speiseöl bepinselt und mit dünnen Zitronenscheiben belegt, mit Küchenkräutern, gestoßenen Wacholderbeeren und Pimentkörnen bestreut und mit einigen Spritzern Cognac beträufelt. Gut zugedeckt 2 Tage im Kühlschrank marinieren.
Zur Milderung des Wildgeschmacks können die Fleischstücke auch einige Tage in Buttermilch oder Magermilch eingelegt werden. Hierdurch erreichen Sie eine besondere Zartheit. Nur Liebhaber des starken Wildgeschmacks bereiten Wildfleisch ohne vorheriges Einlegen oder Beizen.

Berliner Zwiebelfleisch (Bollenfleisch)

800 g Hammelfleisch ohne Knochen von Schulter und Hals,
800 g geschälte Zwiebeln, ca. 5 g Kümmel, Salz, Pfeffer, 40-50 g Mehl

Das Hammelfleisch in Ragoutstücke von ca. 50 g Gewicht schneiden. Die Zwiebeln halbieren und in Scheiben schneiden.
Fleisch und Zwiebeln zusammen in einen ausreichend großen Kochtopf geben und mit Wasser auffüllen, so daß beides knapp bedeckt ist. Etwas Salz zugeben und beides aufkochen, dann abschäumen, anschließend auch den Kümmel zugeben und zugedeckt langsam weiterkochen, bis das Fleisch weich ist.
Damit das Gericht nicht zu dünn gerät, Mehl mit wenig Wasser anrühren und damit das Zwiebelfleisch binden. Nochmals einige Minuten durchkochen lassen und geschmacklich prüfen, erforderlichenfalls nachbessern.
Man ißt dazu Salzkartoffeln, und eine Berliner Molle schmeckt prächtig dazu. Dies ist Uropas Altberliner Leib- und Magengericht.

Notizen & weitere Rezepte:

KALTE SPEISEN

Kalte Speisen

An den Theken der Berliner Kneipen ist immer die Bulette, der Rollmops, der Brathering, der Bismarck-Hering neben den Soleiern vorrätig. Zu Buletten und Soleiern ißt man Mostrich (Boshafte Lästerzungen behaupten, die Buletten seien gebratene Schrippen!). Auch halbe Schrippen, belegt mit Hackepeter, Zwiebelwürfeln und Salzgurke, sind beliebt, ebenso wie Schrippen mit Schabefleisch als Zwischenimbiß oder schneller Magentrost. Heute wie früher trinkt man dazu das übliche Arbeitermaß, die Molle, und einen Kurzen dazu, einen Korn, früher Kutscherkorn genannt, auch „Koks" ist beliebt, wie früher aus Rixdorf der „Saure mit Persiko".

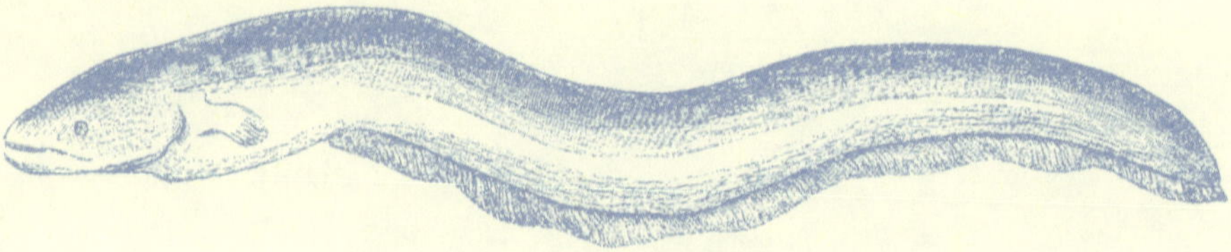

Aal in Gelee

Ca. 1,3 kg geschlachteter und ausgenommener Aal, Salz, 100 g Suppengrün, Salbeiblätter, Thymian, Salz, Pfefferkörner, Basilikum, $^1/_2$ Weinglas Weinessig, 2 Eiweiß, 50-60 g Aspikpulver

Den Aal mit Salz abreiben und unter Wasser abspülen.
1 $^1/_2$ l Salzwasser mit dem Suppengrün und den Gewürzen zum Kochen bringen, Essig hinzufügen. Den in Portionsstücke geschnittenen Aal einlegen und ca. 20-25 Minuten bei geringer Hitze langsam weichkochen. Nun mit dem Schaumlöffel die Aalstücke herausheben. Das leicht aufgeschlagene Eiweiß zwecks Klärung unter den Aalsud rühren und denselben nochmals kurz aufkochen lassen. Den Topf vom Herd nehmen, das eingeweichte Aspikpulver unterrühren, einige Zeit setzen lassen und dann durch ein Passiertuch abpassieren.
Eine Schüssel mit Speiseöl auspinseln, die Aalstücke darin plazieren und dann das abgekühlte Gelee darübergießen. Nach dem Erkalten stürzen, auf einer Platte anrichten und evtl. mit Salatblättern, Eischeiben oder Eisechsteln, Lachstüten und Spargelspitzen garnieren.
Beilage: Knusprige braune Bratkartoffeln von Pellkartoffeln.

Bismarck-Hering

Eine der Leibspeisen des Eisernen Kanzlers, Fürst Otto von Bismarck. Auch Kiebitzeier schätzte er sehr, ebenso den berühmten Pichelsteiner Eintopf und Apfelsineneis. Die Kiebitzeier aß er mit Krebsragout im Blätterteigtörtchen oder auf Rahmmorcheln angerichtet.

4 große, ausgenommene, geputzte, frische Heringe, 2 Tassen Essig,
1 Tasse Weißwein, 100 g geschälte Zwiebelringe, 1 große geputzte Möhre,
1 Lorbeerblatt, 5 Pimentkörner, 1 EL Senfkörner,
1 TL Salz, 1 Prise Zucker, 1 Salzgurke

Essig und Weißwein mit den Gewürzen, den Zwiebelscheiben und der in Scheiben geschnittenen Möhre 10 Minuten aufkochen und erkalten lassen.
Nach dem Erkalten die gesäuberten, abgetropften Heringe einlegen, die in Scheiben geschnittene Salzgurke zugeben und alles mindestens 48 Stunden marinieren lassen.
Zum Anrichten Gurkenscheiben, Möhrenscheiben und Zwiebelringe auf den Bismarck-Hering legen und etwas Marinade darüber gießen.
Man ißt in Berlin eine Butterstulle dazu oder einen Knüppel, eine Schrippe oder Pellkartoffeln. Es hat sich auch der Brauch eingebürgert, etwas Mayonnaise und süße flüssige Sahne mit wenig Marinade zu vermischen und zum Essen über die Heringe zu gießen.

Bratheringe

Ein beliebter Berliner Imbiß, der auch heute noch, wie in Altberlin, an fast keiner Theke der Budicken fehlt und zum kulinarischen Dauerrenner und Bierwellenbrecher geworden ist.
Man nennt den Brathering auch scherzhaft Arbeiterforelle.
Im Berlin der 20er Jahre konnte man für 50 Pf noch 12 deutsche Fettheringe erstehen, grüne Heringe noch billiger, das mutet heute fast unglaublich an.

8 große grüne Heringe, Salz, Pfeffer, 1 Schuß Essig,
1 Spritzer Worcestersauce, 100 g Mehl
Zur Sole: 2 Zwiebeln, 2 Lorbeerblätter, 5 Pimentkörner, 50 g Öl,
5 EL Essig, Salz, Pfeffer, 1 Prise Zucker

Die Heringe schuppen, ausnehmen, Kopf entfernen, wässern, säubern und abtropfen lassen. Mit Salz, Pfeffer, Essig und Worcestersauce würzen.
100 g Mehl auf einer trockenen heißen Pfanne unter ständigem Umrühren bräunen und auf einen tiefen Teller schütten, erkalten lassen. Nun eine Pfanne mit Öl heiß werden lassen, die Heringe in dem Braunmehl wälzen und in das heiße Öl legen, mehrmals wenden und kräftig braun durchbraten. $^1/_4$ l Wasser ausreichend mit Essig säuern, Salz, Pfeffer, Zucker, Lorbeerblätter, Pimentkorn und die in Scheiben geschnittenen Zwiebeln zusetzen und 10 Minuten auskochen lassen. Die gebratenen Heringe in diesen Fond legen und mindestens 24 Stunden ziehen lassen. Man ißt Bratkartoffeln oder Butterbrot dazu.

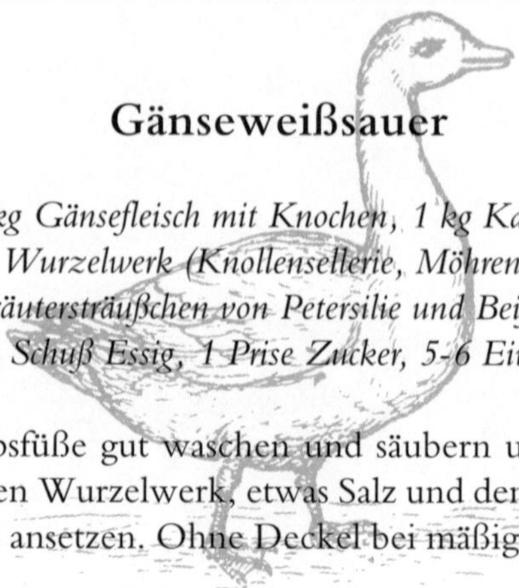

Gänseweißsauer

1,2 kg Gänsefleisch mit Knochen, 1 kg Kalbsfüße,
150 g Wurzelwerk (Knollensellerie, Möhren, Lauch),
Salz, Kräutersträußchen von Petersilie und Beifuß, Pfeffer,
1 Schuß Essig, 1 Prise Zucker, 5-6 Eiweiß

Gänsefleisch und Kalbsfüße gut waschen und säubern und dann zusammen mit dem grob geschnittenen Wurzelwerk, etwas Salz und dem Kräutersträußchen mit Wasser knapp bedeckt ansetzen. Ohne Deckel bei mäßiger Hitze langsam weichkochen lassen.

Dann Kalbsfüße und Gänsestückchen herausnehmen, die Brühe beiseite ziehen und mit Salz, Pfeffer, Essig und Zucker herzhaft süß-säuerlich abschmecken, nochmals auf die mäßige Hitze der Kochstelle schieben und die zerschlagenen Eiweiß unterrühren. Ganz leicht ankochen lassen und zum Klären den Topf beiseite stellen. Den Weißsauerfond durch ein Tuch abpassieren.
Wie auch bei dem Gänseschwarzsauer (Rezept S. 97) das Gänsefleisch von den Knochen lösen, in gefällige Scheiben schneiden, in Glasschalen setzen, mit der stockenden, gelierenden Brühe übergießen und gut bedecken.
Man ißt dazu Bratkartoffeln, die aus erkalteten, in Schalen gekochten Kartoffeln hergestellt werden.

Gänseschwarzsauer

Es handelt sich bei diesem Gericht um eine typische Berlin-Spezialität, die vor dem Kriege noch auf der Karte eines jeden besseren Hauses zu finden war. Heute droht dieses Essen schon fast in Vergessenheit zu geraten.

1,2 kg Gans mit Knochen, 1 kg Kalbsfüße,
150 g Wurzelwerk (Knollensellerie, Möhren, Lauch), 150 g Pfefferkuchen,
100 g Schweineblut, Salz, Pfeffer, Essig, 1 Prise Zucker

Gans und Kalbsfüße gut waschen und säubern, das Gänsestück, falls erforderlich, in große Stücke teilen.
Gansfleisch und Kalbsfüße knapp mit Wasser bedeckt zusammen mit dem grob geschnittenen Wurzelwerk sowie etwas Salz ansetzen und bei geringer Hitze langsam weichkochen. Kalbsfüße und Gänsefleisch herausnehmen, den Fond mit dem zerstoßenen Pfefferkuchen und dem gerührten Schweineblut binden und nochmals ganz leicht aufkochen lassen. Vom Herd zurückziehen und mit Salz, Pfeffer, Zucker und Essig lieblich süßsauer abschmecken. Zum Abkühlen an die Seite stellen.
Nun das Gänsefleisch von den Knochen lösen und mit einem scharfen Messer im Schrägschnitt gefällige Scheiben schneiden.
Gänsefleischscheiben am besten in gläserne Portionsschalen legen und den Schwarzsauerfond kurz vor dem Stocken darüber gießen. Als Beilage gibt man Bratkartoffeln, hergestellt aus erkalteten, in der Schale gekochten Kartoffeln, dazu.

Hackepeter

Auch der Hackepeter ist eine echte Berliner Gaumenfreude. Er wird mal gern zwischendurch gegessen, auf eine halbe Schrippe aufgestrichen, eine Scheibe Salzgurke darüber und feine Zwiebelwürfel.

600 g durch eine mittlere Scheibe durchgedrehtes Schweinefleisch,
davon 2/3 mageres und 1/3 fettes Schweinefleisch,
1 Zwiebel, Salz, frisch gemahlener weißer und schwarzer Pfeffer gemischt,
1 TL gehackter Kümmel

Das durchgedrehte Schweinefleisch mit den Gewürzen gut vermischen, die fein gewürfelte Zwiebel ebenfalls untermischen, wie oben beschrieben auf Schrippenhälften anrichten und zum Verzehr bringen. Der Berliner trinkt dazu eine Molle und einen Korn.

Einfacher Heringssalat

In den volkstümlichen Kneipen des vorigen Jahrhunderts stand solcher Heringssalat in braunen Steingutschüsseln, die nach oben weiter wurden, einfach auf der Theke, neben Kartoffelsalat, sauren Gurken und Buletten. Einige kennen solche Schüsseln noch, die Mütter und Großmütter verwendeten sie früher zum Rühren von Kuchenteig.
Wer einmal sehen möchte, wie so ein Vorläufer des kalten Buffets auf der Kneipen-Theke aussah, der sollte die Altberliner Weißbierstuben des Berlin-Museums besuchen. Er könnte dann glauben, Altberlin sei wieder auferstanden.

4 Salzfettheringe oder 8 Matjesfilets, 2 mittlere saure Äpfel,
2 eingelegte Salzgurken, 1 große Zwiebel, 200 g gekochte Pellkartoffeln,
Salz, Pfeffer, Essig, Öl

Heringe wie üblich wässern, dann ausnehmen und säubern, die Milcher beiseite legen.
Die Heringsfilets in feine Würfel schneiden und ebenso den geschälten Apfel ohne Gehäuse, die Salzgurke, die Zwiebel und die erkalteten Pellkartoffeln.

Die Heringsmilcher mit etwas Essig und Öl verrühren, durch ein Sieb drücken und unter den gewürfelten Salat mischen. Sofern erforderlich, noch mit Salz und Pfeffer nachwürzen. Der Berliner ißt dazu seine Stulle oder seine Schrippe.

Rollmops (Heringsrollen)

8 ausgenommene saure Heringe (ohne Gräten als sogenannte saure Lappen im Handel zu bekommen), $^1/_4$ l Milch zum Einlegen, 1 EL Senf, 2 saure Gurken, 1 EL Kapern, 1 große Zwiebel, einige Zahnstocher oder Holzpeiler zum Einstecken
Zur kalten Sauce: 2 Heringsmilcher, 1 EL Mayonnaise, $^1/_2$ Tasse süße Sahne, 4 Pfefferkörner, 1 Lorbeerblatt, 1 Zweigstückchen Thymian, etwas Basilikum und Estragon, 1 EL Salatöl

Die entgräteten ausgenommenen Heringe ohne Kopf über Nacht in die Milch legen, dann herausnehmen und die Innenseiten mit Senf bestreichen. Darauf fein geschnittene Zwiebelscheiben legen, etwas gehackte Kapern drüberstreuen und auf jedes Heringsteil ein Gurkenstück von Daumendicke und ca. 5 cm Länge legen. Nun die Heringsteile wie Rouladen zusammenrollen und jedes mit einem Holzstäbchen so befestigen, daß es nicht mehr von allein aufrollen kann.
Nun verrührt man in der Milch die Mayonnaise, rührt die Sahne unter das Salatöl und gibt sie zusammen mit Thymian, Basilikum und Estragon hinein. Nun schichtet man die Rollmöpse in einem Glas- oder Porzellangefäß und gießt die Sauce darüber.
Nach 4 Tagen ungefähr sind die Möpse gut durchgezogen, man ißt eine Stulle oder die Schrippe dazu, oder auch nichts, wenn man sich etwas ernüchtern will.

Omas Berliner Salzgurkenrezept

Nimm 5 Liter Brunnenwasser und löse darin tags zuvor 225 g Kochsalz auf. 5 Pfund kleine Einlegegurken wasche und lege sie über Nacht in einfaches Brunnenwasser.

10 g Basilikum, 40 g Kirschbaumblätter, 40 g Rebenblätter, 4 g Pfefferkörner, 70 g Trockendillstiele lege abwechsend lagenweise mit den Gurken in das gesalzene Brunnenwasser, so daß das Salzwasser über den Gurken steht. Lege einen Holzdecke darauf, daß die Gurken unter die Lake gedrückt werden.

Bildenden Belag schöpfe von der Oberläche ab. Nach 14 Tagen hast Du schöne Salzgurken von herrlichem Aroma.

Soleier

Sie sind für die Berliner auch einer der Bierwellenbrecher, der eigentlich aus dem Sächsischen stammt. Dort sind diese Eier an den Theken auch heute noch in Mode. Sie stehen in Gläsern mit Deckeln, ähnlich den früheren Bonbongläsern, in der Kühlvitrine.

In den Altberliner Weißbierstuben des Berlin-Museums – im ehemaligen Altberliner Kammergericht – wird der alte Brauch gepflegt. Wenn die Herren, oder früher die Droschkenkutscher, schon einige „Gedecke" (Molle + Korn) verzehrt hatten, dann verlangten sie vom Wirt ihre ein oder zwei Soleier, dazu nahm man Mostrich, denn kein richtiger Berliner sagte Senf!

150 g Salz, 2 Lorbeerblätter, 10 Pimentkörner, 10 Korianderkörner,
1 Wacholderbeere, 15 g Trockendilldolden
Zum Eierkochen: 1 Zwiebel

1 1/2 l Wasser in einem Topf mit dem Salz und den übrigen Gewürzen aufkochen und erkalten lassen.
10 Eier zusammen mit einer Zwiebel (geschält) 10 Minuten lang hart kochen lassen. Durch das Mitkochen einer Zwiebel werden die Eier gelblicher.
Die Eier kalt abspülen und die Schale eines jeden Eies am Gefäßrand anknicken, damit die Sole eindringen kann.
Die so vorbehandelten Eier dann in die erkaltete Gewürzsole legen und mindestens 24 Stunden darin ziehen lassen. Man ißt Senf dazu oder auch Essig und Öl mit fein gewürfelten Zwiebeln darin.

Sülzkotelett mit Bratkartoffeln

1 Stück Schweinerücken mit 4 Kotelettrippen (vom Fleischer die Dornfortsätze abhacken lassen), 2 Kalbsfüße, 1 Zwiebel, 1 Möhre, 3 Pimentkörner, 3 Pfefferkörner, 1 Lorbeerblatt, 1 Nelke, 4 Cornichons, 3 gekochte Eier, Kapern, Estragonblätter, 2 Eiweiß, ca. 1-2 Tassen Essig

Die längs aufgehauenen Kalbsfüße mit dem Schweinerücken in heißem Wasser einmal kurz aufkochen und abgießen. Dann in kaltem Wasser mit etwas Salz und den übrigen Gewürzen ansetzen und kochen lassen. Nach ca. 1 Stunde, wenn der Rücken weich ist, denselben herausnehmen und kurz kalt abspülen. Die Kalbsfüße noch 1 ½ Stunden langsam weiterkochen lassen. Dann die Brühe durch ein feines Sieb abgießen und abfetten, erst mit der Schöpfkelle und anschließend mit einem sauberen Löschblatt.
Die Brühe mit Salz, Pfeffer und Essig abschmecken. Nun das Eiweiß und etwas Wasser mit einem Schneebesen schlagen, die heiße Brühe auf das Eiweiß geben und unter Rühren zum Kochen bringen, dann sofort beiseite schieben und am Herdrand zugedeckt ziehen lassen. Sobald das festgewordene Eiweiß sich auf der Oberfläche abgesetzt hat und das Gelee klar ist, durch ein Passiertuch seihen. Von dem erkalteten Schweinsrücken schneidet man 4 gleichmäßige Koteletts. Den Boden der Kotelettformen gießt man mit Gelee aus, das nach dem Festwerden mit einem Blumendekor aus Eischeibe, länglichen Cornichonscheiben, Möhrenscheiben, Estragonblättern etc. hergestellt wird. Anschließend die Kotelettscheiben einlegen, mit dem stockenden Gelee auffüllen und erstarren lassen. Man kann sich auch ohne Formen behelfen, indem man die kalten Koteletts mit Gelee überzieht, dann den Dekor auflegt und das Fleisch dann in einem kleinen Randblech mit dem übrigen Gelee übergießt. Das Gelee muß kalt sein, damit der Dekor nicht abgespült wird.
Aus erkaltetem Restgelee schneidet man Würfel zur Garnitur, zum Sülzkotelett ißt man Bratkartoffeln.

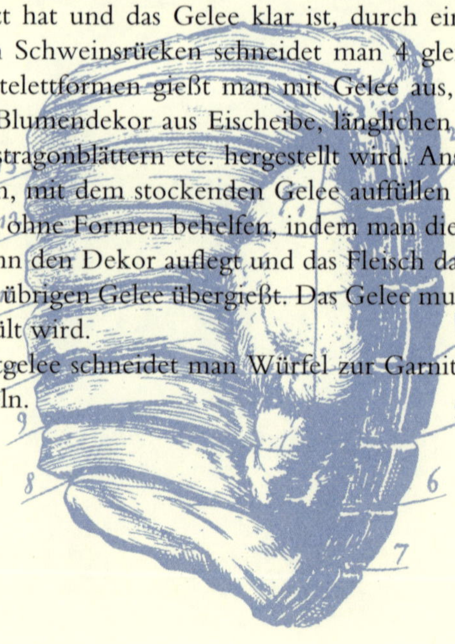

Notizen & weitere Rezepte:

NACHSPEISEN

Grießflammeri

Zum Flammen: $^1/_2$ l Milch, 20 g Zucker, 1 Päckchen Vanillezucker, 1 Prise Salz, 45-50 g Grieß, 2 Eigelb, 1 Eiweiß
Zur Sauce: 350 g frische Früchte der Jahreszeit (Erdbeeren, Johannisbeeren oder Preiselbeeren) oder Konserve

Milch mit Zucker, Vanillezucker und Salz zum Kochen bringen und unter Rühren mit einem Schneebesen den Grieß nach und nach in die kochende Milch rinnen lassen, den Brei nicht zu dick werden lassen. Das mit etwas Milch verquirlte Eigelb unterrühren und von der Feuerstelle zurückziehen.
Abschließend den steif geschlagenen Eischnee unterrühren und in Gläser oder in Stürzförmchen abfüllen.
Sofern frische Früchte verwendet werden, waschen und mit ca. $^1/_4$ l Wasser weichkochen, mit etwas Zucker süßen und mittels in 1 TL Wasser angerührter Speisestärke sämig machen.
Den Flammeri beim Anrichten mit dieser Fruchtsauce bekränzen.

Berliner Mohnpiehlen

Es war früher im alten Berlin Sitte, zu Silvester, auch um die Weihnachtszeit, Mohnpiehlen herzustellen, die bei alt und jung sehr beliebt waren. Die Speise ist wendischen Ursprungs, wurde kalt serviert und die Alten tranken Glühpunsch dazu. Versuchen Sie es einmal nachzumachen, vielleicht lebt der Brauch wieder auf?

3 alte Brötchen, 1 l Milch, 50 g Zucker, 250 g gemahlener dunkler Mohn, 60 g Rosinen, 200 g Zucker, 60 g gehobelte süße Mandeln.

Die Brötchen in daumendicke Scheiben schneiden und diese in eine Schüssel mit $^1/_2$ l Milch durchweichen lassen. 50 g Zucker darüberstreuen.
Mit dem restlichen $^1/_2$ l Milch den gemahlenen Mohn zusammen mit dem Zucker und den Rosinen langsam ungefähr 10 Minuten kochen lassen.
Den ausgequollenen Mohn nun abwechselnd schichtweise, eine Schicht Brötchenscheiben, eine Lage Mohn, in eine Glasschüssel legen, bis alles verbraucht

ist. Zum Schluß die süßen Mandelsplitter darüberstreuen. Die Mandeln können auch durch einen Nußwolf gedreht werden. Portionsweise auf Glastellern anrichten.

Rote Grütze

Für die Grütze: 300 g Himbeeren, 300 g Johannisbeeren,
150 g Zucker, 100 g Speisestärke
Für die Sauce: 1/4 l süße Sahne, 10 g Zucker

Die Himbeeren und Johannisbeeren waschen und in 1/2 l Wasser weichkochen, dann durch ein Sieb drücken und den Zucker hineinschütten.
Nun den Fruchtsaft mit dem Zucker wieder zum Kochen bringen und dann die Speisestärke, mit 3/4 Tasse Wasser angerührt, mit dem Schneebesen unterrühren und kurz durchkochen lassen. Die Grütze in eine Schüssel oder in Portionsförmchen füllen und erkalten lassen.
Zum Anrichten der Roten Grütze die Sahne leicht mit dem Schneebesen anschlagen, so daß sie etwas sämig wird, mit dem Zucker süßen und die Grütze damit übergießen.

BACKWERK

Backwerk

Anfang der 20er Jahre traf sich die zahlreiche Journalistenschar des Zeitungsviertels um die Kochstraße in der *Spezial-Baumkuchen Konditorei Jaedicke*, vormals Hof- und Mundkoch. Das Haus war weltberühmt. Sonst eher vielfältiger Meinung, war sich die Journalistenschar hier immer einig, es wahr Ehrensache, bei Jaedicke Berliner Baumkuchen zu essen. Das Baumkuchenrezept ist Jahrhunderte alt, ein Kaminkehrer brachte es nach Berlin, wo es berühmt wurde. Dieser hatte es im Brandenburgischen aufgeschnappt, als er bei einem Bäcker kehrte. Später fand er in Berlin vorübergehend ein Schlafquartier bei einem Zuckerbäcker, und da er für Speise und Trank nicht in klingender Münze berappen konnte, hinterließ er dem Gastgeber zum Abschied das Baumkuchenrezept.
Die Bäckermelone ist allen älteren von uns noch in verklärter Erinnerung, ihr aufgetriebener Höcker verströmte einen herrlichen Duft in Kindernasen. Auf ihrer Oberseite länglich gekerbt und mit Puderzucker bestäubt, war sie begehrtes Objekt unserer Wünsche, man opferte dafür 5 Pfennig seines Taschengeldes. Wer weniger hatte, holte sich Kuchenkrümel – eine Tüte – fast ein Ritual der Berliner Gören, das unseren Wohlstandskindern nie bekannt wurde.
Geschätzt war auch der Mürbekuchen. Herberts schreibt in seinem Roman „Jett'chen Gerbert“: „Mürbekuchen kann man noch essen, wenn der Leichenwagen schon vor der Tür steht.“
Einen ersten Platz in der Gunst der Leckermäuler nehmen auch die Berliner Pfannkuchen ein, als „Berliner“ in aller Welt bekannt. Anderorts versteht man unter Pfannkuchen wohl etwas ganz anderes, nämlich Eierpfannkuchen.
Die bekannten Zimtbrezeln verzehrte man früher zu Kaffee oder Bier, an ihre Stelle traten die kernigen Salzstangen und Luftbrezeln. Bekannt ist auch die Berliner Schrippe und der Berliner Knüppel am morgendlichen Kaffeetisch. Der Schusterjunge, heute Salzkuchen genannt – ein Brötchen aus zwei Dritteln Roggenmehl und einem Drittel Weizenmehl –, nach dem Backen in Mehl gewälzt, schmeckt besonders gut mit Gänseschmalz und Harzer. Früher war er die Schrippe der armen Leute. Vor dem Kriege kamen 4 Schrippen einen Groschen, sechs Schusterjungen kosteten auch einen Groschen.

Apfelkrapfen (Apfelküchlein)

Eine in Berlin angestammte Süßspeise, ein warmes Dessert, das besonders in der kalten Jahreszeit sich großer Beliebtheit erfreute und im Vorkriegs-Berlin noch auf der Speisenkarte aller guten Häuser zu finden war. Das Dessert war schon im Berlin zu Zeiten Königin Luises sehr populär.

4 große mürbe Äpfel, 30 g Zucker, 1 TL Rum
Zum Backteig: 250 g Mehl, ca. 1 Glas Bier, 3 EL Olivenöl, 1 Prise Salz, 4 Eiweiß
Zum Ausbacken: 750 g Schmalz oder Butterschmalz

Den Backteig am besten schon am Vorabend zubereiten: Das gesiebte Mehl mit etwas Wasser und Bier zu einem zähflüssigen Teig abrühren, Salz dazugeben, das Olivenöl unterrühren und zum Schluß das steif ausgeschlagene Eiweiß.
Die Äpfel schälen und mit dem Ausstecher vom Kerngehäuse befreien. Die geschälten Äpfel in 3-4 cm dicke Scheiben schneiden, Zucker und Rum über die Scheiben geben und in einer Schüssel ca. 3/4 Stunde ziehen lassen.
Die abgetropften Apfelscheiben durch den Backteig ziehen und in dem heißen Fett hellbraun ausbacken, herausnehmen, mit Zimtzucker bestreuen und recht heiß servieren.
In gleicher Weise werden auch Bananenkrapfen, Ananaskrapfen und Aprikosenkrapfen zubereitet.

Arme Ritter

1/4 l Milch, Zucker, Zimt, etwas geriebene Zitronenschale,
4 fingerdicke Scheiben nicht zu frisches Weißbrot, 4 Eier, 60-80 g Butter

Die Milch mit Zucker, Zimt und geriebener Zitronenschale aufkochen und wieder erkalten lassen.
Die Weißbrotscheiben in der erkalteten Milch tränken, herausnehmen und noch einige Minuten vollsaugen lassen. Dann die getränkten Weißbrotscheiben in den zerschlagenen Eiern wälzen und in heißer Butterpfanne von beiden Seiten goldbraun backen.
Auf Tellern servieren und mit Zucker bestreuen. Es ist auch üblich, Kompotte der Jahreszeit dazu zu reichen.

Berliner Baumkuchen

Alte Berliner erinnern sich noch gern an die berühmteste Berliner Baumkuchenbäckerei *Jaedicke* in der Kochstraße im alten Berliner Zeitungsviertel, sie war schon um die Wende des letzten Jahrhunderts sagenhaft berühmt für ihren Baumkuchen. Die Firma hat sich nach dem Kriege am Tegernsee in Bayern niedergelassen, wo sie ihre Tradition fortführt.
Einen richtigen Baumstamm können Sie natürlich nicht backen, dazu müßten Sie eine Spezialvorrichtung haben wie eine Konditorei. Sie können sich aber behelfen, und das Rezept dazu lautet so:

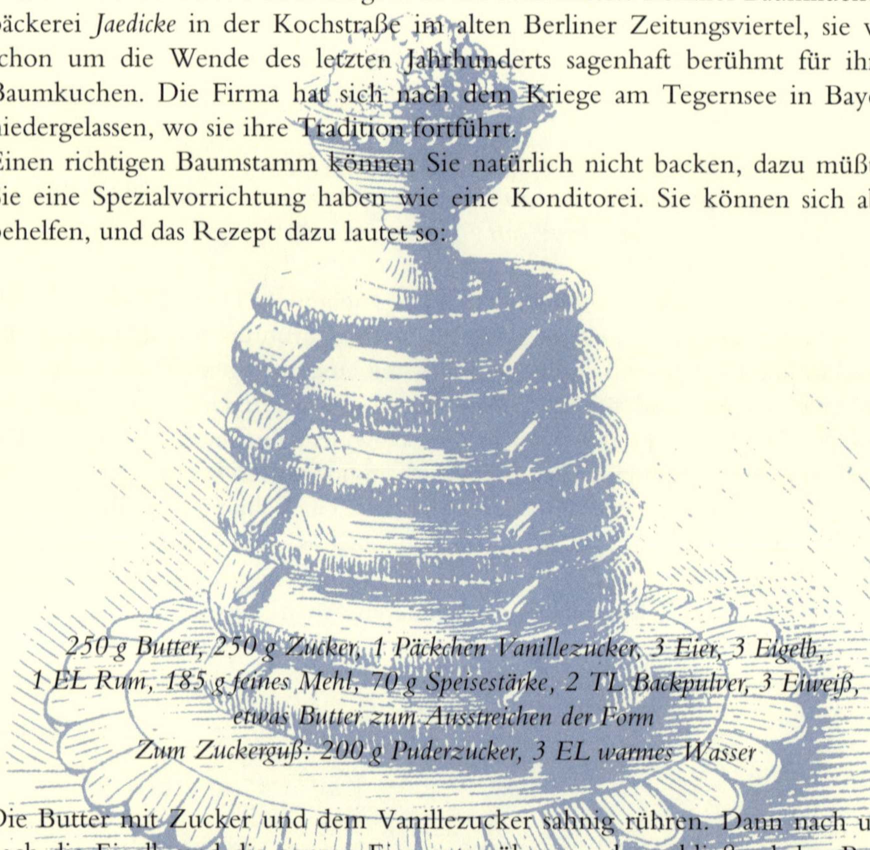

250 g Butter, 250 g Zucker, 1 Päckchen Vanillezucker, 3 Eier, 3 Eigelb, 1 EL Rum, 185 g feines Mehl, 70 g Speisestärke, 2 TL Backpulver, 3 Eiweiß, etwas Butter zum Ausstreichen der Form
Zum Zuckerguß: 200 g Puderzucker, 3 EL warmes Wasser

Die Butter mit Zucker und dem Vanillezucker sahnig rühren. Dann nach und nach die Eigelb und die ganzen Eier unterrühren und anschließend den Rum untermischen. Mehl, Speisestärke und Backpulver vermischen und zusammen durchsieben, unter die schaumige Butter-Eier-Masse ziehen, abschließend den bockig-steif geschlagenen Eischnee vorsichtig unterheben. Eine Springform mit Bodeneinsatz von 25-30 cm Durchmesser mit Butter auspinseln und dann, ebenfalls mit einem Pinsel, den Baumkuchenteig dünn auf den Boden auftragen. Nun bei 180-200°C Oberhitze im Ofen backen, bis die Oberschicht goldgelb ist, dann wieder die nächste Schicht auftragen, goldgelb backen und so weiterverfahren, bis der Teig verbraucht ist. Abschließend die Zuckerglasur herstellen und den kalten Baumkuchen damit glasieren.

Berliner Luft

Eine kulinarische Nachempfindung des weithin bekannt gewordenen musikalischen Evergreens „Das ist die Berliner Luft, Luft, Luft..." Entstanden im Berlin etwa zur Zeit des Jugendstils.

250 g frische gereinigte Erdbeeren oder andere Beerenfrüchte der Jahreszeit, 50 g Zucker, 12 Eigelb, 12 Eiweiß, Saft und Schale von 1 unbehandelten Zitrone, 12 g Gelatine oder Asikpulver, ca. 90 g Würfelzucker

Die Erdbeeren werden durch ein Sieb gedrückt, mit dem Klarzucker zusammen mit ganz wenig Wasser aufgekocht und bis zum Gebrauch kalt gestellt.
Die Würfelzuckerstücke werden auf der Zitronenschale abgerieben und zusammen mit dem Eigelb und dem Zitronensaft mit dem Schneebesen auf dem Herd warm aufgeschlagen, so daß eine sämige dicke Creme entsteht. Dann vom Herd nehmen und beiseite stellen, die eingeweichte Gelatine unterrühren und kalt schlagen. Als letztes schlägt man mit einem Schneebesen in einem Schneekessel (beides völlig fettfrei) die abgetrennten Eiweiß ganz steif und bockig aus. Im Eiweiß darf sich kein Eigelb befinden.
Das steife Eiweiß wird unter die erkaltete Eierappareil gemischt, in eine kleine Königskuchenform eingefüllt und über Nacht im Tiefkühlfach gefroren.
Zum Anrichten stürzen, in Scheiben auf Glastellern oder Desserttellern anrichten und mit der kalten Erdbeersauce bekränzen. Man kann Eiswaffeln oder feines Teegebäck beilegen.

Berliner Napfkuchen

Dies ist ein Backwerk, das zweifelsfrei eine der vielen Bereicherungen ist, die Berlin den zugewanderten Hugenotten zu verdanken hat. Im heutigen Moabit waren diese Wackeren auf königliche Order angesiedelt, sie nannten es terre-maudit, zu deutsch sandige Erde, was man im Laufe der Zeit zu Moabit verballhornisierte. Der Napfkuchen ist eine Art volkstümlicher Savarin. Das alte Hugenottenrezept:

625 g feinstes Weißmehl, 1/8 l Milch, 45 g Hefe, 500 g Butter,
3 Eier, 3 Eigelb, 250 g Zucker, 125 g Korinthen, 125 g Sultaninen,
50 g gestifteltes Citronat, 15 fein gestoßene bittere Mandeln, 1 Prise Salz,
1 EL Vanillezucker, etwas geriebene Zitronenschale (unbehandelt),
1 Prise Muskatblüte, 3 EL Kognak

Mehl in eine Schüssel schütten, in die Mitte eine Vertiefung drücken und mit der in lauwarmer Milch aufgelösten Hefe ein Hefestück anrühren und gehen lassen. Die Butter schaumig rühren und die übrigen Zutaten dazugeben. Wenn das Hefestück gegangen ist, alles solange zu einem Teig verarbeiten, bis er Blasen wirft. Alsdann wird der Teig in eine gebutterte irdene Napfkuchenform gefüllt, wo man ihn nochmals gehen läßt. Im mittelheißen, vorgeheizten Ofen wird der Napfkuchen lichtbraun gebacken, Dauer mindestens 1 Stunde. Dann stürzen und mit Puderzucker bestäuben.
Samstags eilten die Frauen mit Tüchern über den braunen Napfkuchenformen in die Backstuben der Bäcker und ließen gegen Gebühr ihre Kuchen abbacken. Welch herrliche Napfkuchendüfte brachte uns Mutter dann mit in die Gute Stube!

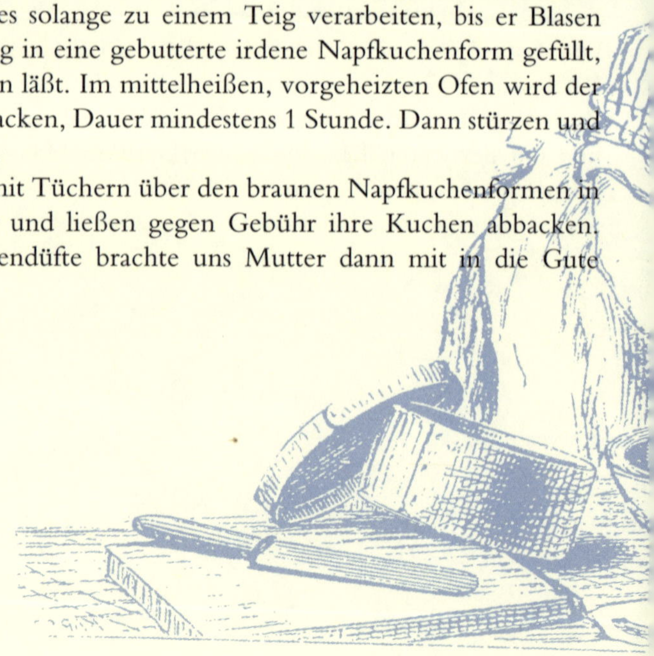

Berliner Pfannkuchen

Eine in der Mitte des 18. Jahrhunderts entstandene Berliner Spezialität, die besonders zu Silvester in Massen konsumiert wird. Der Brauch hat sich auf andere Länder übertragen.

Zum Teig: 500 g Mehl, 30 g Hefe,
abgeriebene Schale von 1/2 Zitrone (unbehandelt),
1 Prise Salz, 100 g Zucker, knapp 1/4 l Milch, 1 Ei, 1 Eigelb, 60 g Butter
Zur Füllung: ca. 175 g beliebige Konfitüre
Zum Ausbacken: 500 g Butterschmalz

Die Hefe in der lauwarmen Milch anrühren. Mehl, Zucker und Salz zusammen durchsieben, in eine Schüssel geben und in der Mitte eine Vertiefung anrichten, worin mit der Hefemilch das Hefestück angerührt wird. Die Butterflöckchen auf den Rand verteilen und ebenso die geriebene Zitronenschale und Eier. An warmem Ort zugedeckt gehen lassen. Dann alles zu einem Teig verarbeiten, den man zugedeckt nochmals gehen läßt und wieder zusammenschlägt. Sodann rollt man den Teig zu ca. 3/4 cm Dicke aus und sticht mit rundem Ausstecher Plättchen von 7 cm Durchmesser aus. Auf jedes Plättchen ein Häufchen Konfitüre geben, Ränder mit Wasser bepinseln und mit einem freien Plättchen exakt bedecken, andrücken und ausreichend aufgehen lassen.

Die aufgegangenen Pfannkuchen mit der Oberseite zuerst in das heiße Butterfett legen und von beiden Seiten goldbraun ausbacken. Je nach Geschmack in Zimtzucker wälzen, mit Puderzucker bestäuben oder mit Zuckerglasur überziehen.

Berliner Schusterjungen

400 g Roggenmehl, 200 g Weizenmehl,
35 g Hefe, 1/2 TL Salz, 1 Prise Zucker

Beide Mehlsorten und das Salz in eine Schüssel sieben und vermischen. Die zerbröckelte Hefe mit der Prise Zucker in 3/8 l lauwarmem Wasser auflösen. In der Mehlmitte in einer Vertiefung das Hefestück anrühren und an einem warmen Ort zugedeckt auf das Doppelte gehen lassen. Danach alles zu einem Teig verkneten, der sich vom Schüsselboden löst. Zugedeckt nochmals aufgehen lassen. Im vorgeheiztem Ofen bei 220 °C 20 Minuten ausbacken. In Roggenmehl wälzen und abkühlen lassen.
Die Schusterjungen aufschneiden und mit Gänsegriebenschmalz oder Schweineschmalz bestreichen oder mit Harzerkäse belegen. Schmeckt auch gut mit Hackepeter und Zwiebelwürfeln.

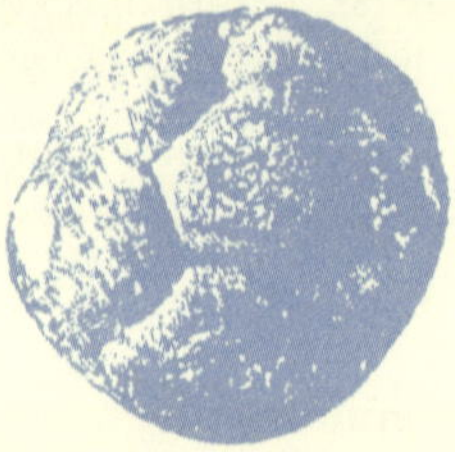

Butterbrezeln

Auch eine alte Berliner Spezialität, die, weit über die Stadt hinaus bis nach Leipzig, bei den dortigen Magisterschmäusen sich einer großen Beliebtheit erfreute.

Für den Vorteig: 250 g feines Mehl, 25 g Butter, 7 g Salz,
1 EL Zucker, 125 ml Wasser
Zum Einschlagen: 200 g Ziehbutter oder ausgewaschene Butter
Zum Bestreuen: ca. 75 g Hagelzucker

Die Butter mit dem Mehl zerreiben und davon einen Kranz formen, was auch in einer Schüssel möglich ist. Nun das Salz und den Zucker in das Wasser geben und in das Mehl schütten und alles einige Minuten zu einem Teig glatt wirken. Diesen Vorteig in ein Tuch binden und eine Stunde im Kühlschrank ruhen lassen. Dann die Vorteigkugel kreuzweise oben einschneiden und ausrollen, so daß Sie ungefähr die Form eines Kreuzes bekommt. Nun die zum Würfel geformte Ziehbutter in die Mitte legen und die ausgerollten Kreuzenden zur Mitte über die Butter klappen. Anschließend den Teig mit der eingeschlagenen Butter vorsichtig rechteckig ausrollen und beide Enden zur Mitte übereinanderklappen, so daß drei Lagen entstehen. Dies war die erste Tour. Nun wieder 20 Minuten im Kühlschrank ruhen lassen und dann wieder eine Tour ausrollen wie zuvor. Insgesamt dem Teig 5-6 Touren geben. Bei den jeweiligen Touren die Rollen nicht zuviel mit Mehl bestäuben. Abschließend den Teig 3 mm dick ausrollen und davon 1 cm breite und 30 cm lange Streifen schneiden, die mit Eigelb bestrichen und mit Hagelzucker bestreut werden. Von jedem dieser Streifen eine Spirale drehen und diese in Brezelform auf ein mit Wasser abgespültes Backblech legen, bei einer Ober- und Unterhitze von 220 °C ca. 15 Minuten backen.

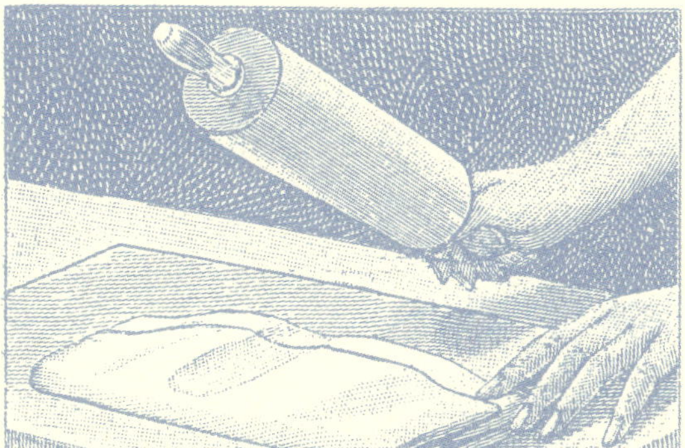

Eberswalder Spritzkuchen

Ein in Berlin sehr beliebtes Gebäck. Eberswalde liegt nicht weit von Berlin und ist seit der Wiedervereinigung wieder sonntägliches Ausflugsziel.

Zum Brandteig: 1/4 l Wasser, 60 g Butter, 1 Prise Salz, 1 EL Zucker, 30 g Speisestärke, 150 g Mehl, 5 Eier, 1 gestrichenen TL Backpulver
Zum Ausbacken: 600 g Butterschmalz
Zum Guß: 200 g Puderzucker

Das Wasser zusammen mit Butter, Salz und Zucker zum Kochen bringen, dann das zusammen mit der Speisestärke gesiebte Mehl hineinschütten und mit einem Holzspatel solange umrühren, bis sich am Topfboden ein milchiger Belag abzeichnet. Den Topf nun zurückziehen und die Eier einzeln nach und nach mit dem Spatel unter die Masse verarbeiten. Zum Schluß das Backpulver unterziehen.

Den Teig nun in einen Spritzbeutel mit Zackentülle einfüllen und auf ein gefettetes Pergamentpapier runde Kringel aufspritzen, diese dann kopfüber vom Papier in die heiße Schmalzbutter gleiten lassen und ca. 4 Minuten von beiden Seiten goldgelb ausbacken, dann herausnehmen. Den Puderzucker mit ungefähr 3 EL warmem Wasser zu einer Glasur verrühren und die noch heißen Spritzkuchen mittels eines Zuckerpinsels glasieren.

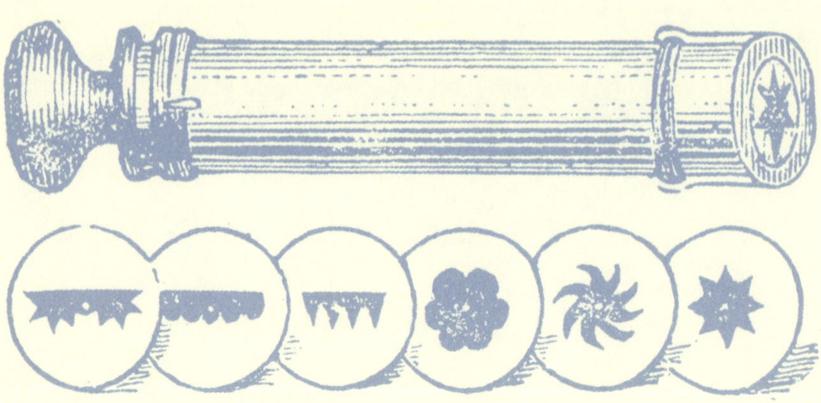

Windbeutel

Windbeutel mit Schlagsahne, von jeher ein beliebter Magentrost der Berliner zwischen Mittag- und Abendessen. Erfunden wurde die Schlagsahne auf Schloß Chantilly im Jahre 1720. Daß diese Köstlichkeit auch nach Berlin kam, dafür sorgte schon Noël, Hofküchenmeister Friedrichs des Großen.
Windbeutel mit Schlagsahne waren ein Lieblingsdessert der Kinder Königin Luises, wenn sie, besonders im Sommer, unter der Obhut der Eltern auf deren Lieblingssitz, dem Gut Paretz bei Potsdam, herumtollten.
Manche Berliner sagen heute im schnoddrigen Berlinjargon auch Sturmsäcke dazu.

75 g Butter, 1/4 l Wasser oder Milch,
125 g feingesiebtes Mehl, 4-5 Eier, 1 Prise Salz,
etwas Vanille, etwas abgeriebene Zitronenschale (unbehandelt), 1 Prise Zucker,
wegen der besseren Backfarbe 1 Prise Ammonium (heute Backpulver),
Puderzucker zum Bestäuben

Die Butter mit dem Wasser oder der Milch kräftig aufkochen lassen, dann das Mehl dazuschütten und mit einem Holzspatel solange umrühren, bis sich die Masse zusammenballt und nicht mehr am Boden hängt.
Die Eier werden nun einzeln, eins nach dem anderen, unter die Masse gerührt. Die Masse muß jedesmal glatt sein, bevor das nächste Ei untergerührt wird. Mit dem ersten Ei gibt man auch die Gewürze und das Backpulver dazu. Als man noch keine Spritzbeutel kannte, legte man mit dem Eßlöffel Häufchen zum Ausbacken auf das Blech.
Heute dressiert man mittels Spritzbeutel mit Zackentülle Häufchen auf das Backblech, bestreicht sie mit Eigelb, backt sie in starker Hitze an und in mittlerer Temperatur aus. Nach dem Auskühlen aufschneiden, mit vanilliertem Schlagrahm füllen und mit Puderzucker bestäuben.

Zimtbrezeln

Am besten bekannt wurde die Alte Rieke aus Spandau durch den Verkauf ihrer Zimtbrezeln, sie ist in der Literatur mit einem Popularitätsgrad eingegangen, wie Nante der Eckensteher, der Schusterjunge oder die Blumenfrauen vom Potsdamer Platz.

3 Eier, 250 g feinen Zucker, 125 g abgeklärte zerschmolzene Butter,
1 TL Backpulver, 3 g gemahlenen Zimt, 1 Prise Salz,
375 g gesiebtes feines Mehl

Eier, Zucker und Butter in einer Schüssel rühren. Dann Backpulver, Zimt und Salz gut unter das Mehl vermischen. Die Mehlmischung unter die gerührten Eier, Zucker und Butter kneten und daraus einen Teig gut durchwirken.
Aus diesem Teig formt man Brezeln, legt sie auf ein leicht gebuttertes Blech, bestreicht die Brezeln mit dem Pinsel aus einer Mischung von Wasser und Eigelb und backt sie bei mäßiger Hitze im Ofen goldgelb.

Notizen & weitere Rezepte:

GETRÄNKE

Getränke

Ganz berühmt wurde die Berliner Weiße mit Schuß, eine Erfindung der Hugenotten, denen Berlin so vieles zu danken hat. Bekannt ist auch die Weiße mit Strippe, besonders beliebt bei den Herren, denn wer mit Strippe bestellt, bekommt einen Kümmel oder Allasch dazu. In den zahlreichen Ausflugsorten der Umgebung wird das Getränk im Sommer in Unmengen konsumiert. Man trank es früher aus den Weißewannen, die heute durch die Stupsgläser abgelöst wurden. In Nostalgiegaststätten kommen die Wannen wieder groß in Mode. Die hugenottische Herstellungsformel bestand aus Gersten- und Weizenmehl mit einem Gemisch von Hefezellen und Milchsäurebakterien und führte zum Ergebnis des säuerlichen obergärigen Bieres. Zuvor hatten die Hugenotten versucht, am Kreuzberg in Berlin Wein anzubauen, was natürlich erfolglos blieb. Im Volksmund hieß es, daß zum Trinken dieses Weines drei Mann nötig seien, einer, der trinke, und zwei, die den Trinker hielten.
Wenn schon vom Trinken die Rede ist, sei auch Laubenpiepers (Kleingärtners) guter alter Maibowle zu gedenken. Und von dem Volksfest der Werderschen Baumblüte, das der berlinischen Trinkfreude so recht entgegenkam, muß jeder Chronist berichten. Die Reichsbahn mußte wegen des Ansturms der Volksmassen auf Werder in der Baumblütenzeit sogar Güterzüge einsetzen, man genoß die Blütenpracht und die lieblichen Werderschen Obstweine, die waren nicht von Pappe! Leider hat die Teilung der alten Hauptstadt und des Landes die Volksfahrten nach Werder für lange Zeit zur Erinnerung werden lassen, jetzt sind sie wieder aufgelebt!

Ambrosia-Trank

Ein Lieblingstrank des jungen Heinrich Heine, der, wie wir wissen, ein großer Schmecklecker war.
In seinen Briefen beschreibt er uns seine Streifzüge durch das alte Berlin und erwähnt darin das köstliche Ambrosia bei den Göttern des Olymps. Denn er empfand den köstlichen Inhalt der Baisers bei Jagor noch lieblicher, als wäre Aphrodite diesem süßen Schaum entstiegen. Baisers, gefüllt nur mit vanilliertem Schlagrahm, mit lieblich aromatisiertem Waldmeisterschlagrahm im Wonnemonat Mai, mit zartem rosa Erdbeerschlagrahm oder Orangenschlagrahm.

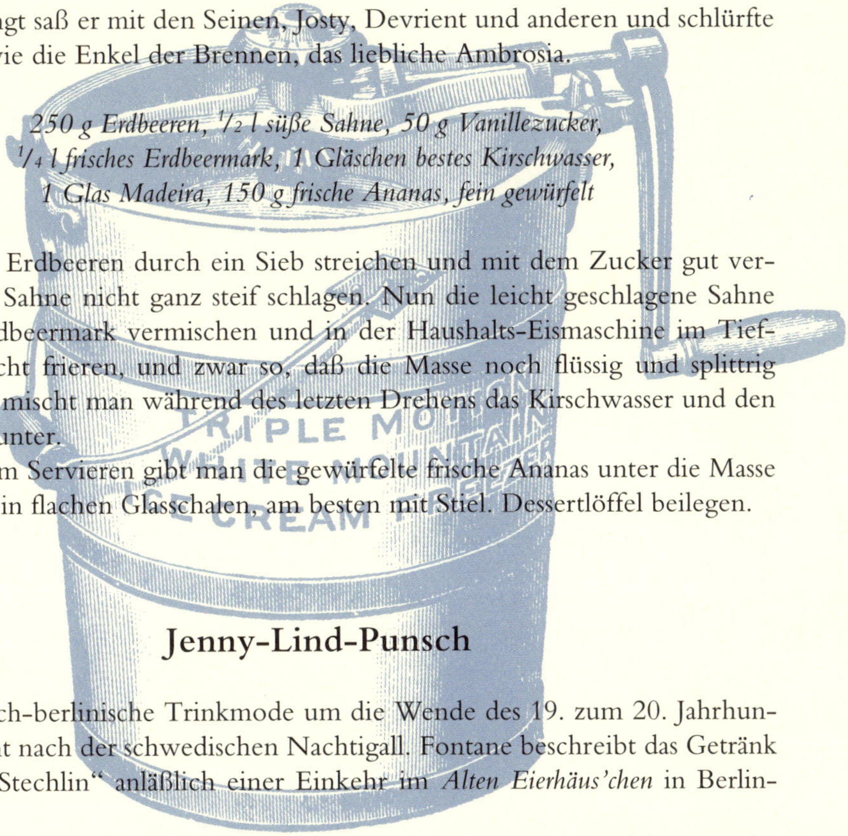

Dicht gedrängt saß er mit den Seinen, Josty, Devrient und anderen und schlürfte mit ihnen, wie die Enkel der Brennen, das liebliche Ambrosia.

250 g Erdbeeren, 1/2 l süße Sahne, 50 g Vanillezucker,
1/4 l frisches Erdbeermark, 1 Gläschen bestes Kirschwasser,
1 Glas Madeira, 150 g frische Ananas, fein gewürfelt

Die frischen Erdbeeren durch ein Sieb streichen und mit dem Zucker gut verrühren. Die Sahne nicht ganz steif schlagen. Nun die leicht geschlagene Sahne mit dem Erdbeermark vermischen und in der Haushalts-Eismaschine im Tiefkühlfach leicht frieren, und zwar so, daß die Masse noch flüssig und splittrig bleibt; dann mischt man während des letzten Drehens das Kirschwasser und den Madeira darunter.
Kurz vor dem Servieren gibt man die gewürfelte frische Ananas unter die Masse und füllt sie in flachen Glasschalen, am besten mit Stiel. Dessertlöffel beilegen.

Jenny-Lind-Punsch

Eine märkisch-berlinische Trinkmode um die Wende des 19. zum 20. Jahrhundert, genannt nach der schwedischen Nachtigall. Fontane beschreibt das Getränk in seinem „Stechlin" anläßlich einer Einkehr im *Alten Eierhäus'chen* in Berlin-Treptow.
Da kommen Erinnerungen auf. Welcher Junge oder welches Mädel aus Berlin war früher nicht sonntags mit den Eltern im *Alten Eierhäus'chen*, die Kinder auf dem herrlichen Kinderspielplatz mit der Kindereisenbahn, mit Onkel Pelle im Plänterwald.

2 unbehandelte Apfelsinen, 200 g Würfelzucker, 2 Flaschen Rheinwein,
1/4 Vanilleschote, 1/4 l Madeira

Würfelzucker auf der Schale von 1 Apfelsine abreiben, dann beide Apfelsinen auspressen und den Saft mit dem Zucker aufkochen, den Rheinwein zugießen, nochmals zum Kochen bringen und vom Herd nehmen. Die aufgeschlitzte Vanilleschote hineinlegen und erkalten lassen. Zum Schluß durchseihen, den Madeirawein zugießen und vor dem Genuß kühlstellen.

Kaiser-Tee

Ein altes Teerezept, wie es von dem letzten deutschen Kaiser Wilhelm und seiner Gattin Auguste-Viktoria gern genossen wurde.

4 Eigelb, 1 volles Likörgläschen Maraschino,
4-5 TL Zucker, 4 Teegläser Orange-Pekoe-Tee

Man bevorzuge den sogenannten Karawanentee, heißt es in der alten Rezeptur. Pekko (Pekoe) sei die beste Sorte, denn dem Karawanentee ist das eigentümliche Aroma nicht durch die Seeluft entzogen worden. Er ist ungemein angenehm im Geschmack.
In eine vorgewärmte Teekanne ca. 4 TL des Tees hineingeben, mit 4 Glas kochend sprudelndem Wasser aufgießen und zudecken. 2-3 Minuten ziehen lassen und dann gut umrühren. Eigelb mit dem Maraschino in einer Porzellanteekanne gut verrühren, den gebrühten Tee durch ein Teesieb aufgießen und alles nochmals gut umrühren.
In vorgewärmten Teegläsern oder Teetassen servieren und je nach Belieben Zucker, Würfelzucker, am besten aber Kandiszucker beigeben.

Rosenwein

Im Altertum auch Rosatum genannt. Rosen waren in der Vergangenheit ein delikater Geschmacksgeber, vielleicht könnten sie es wieder werden?
Es lohnt sich, ein altes Rezept aus Sanssoucis Hofküche „auszugraben", denn in den dortigen Hofgärten gab es bekanntlich die schönsten Rosen.
Das Ursprungsrezept entstand etwa um 400 n. Chr. bei Fulda und fand von dort Eingang in unseren Kulturkreis.

Übrigens, wußten Sie schon, daß Friedrich der Große ein raffinierter Kaffeegenießer war? Kaum zu glauben, er ließ sich gelegentlich Kaffee statt mit Wasser mit reinem Champagner aufbrühen! Machen Sie's doch mal nach!
Hier nun ein überliefertes Rosatum-Rezept:
„Mache so, nehme die Rosenblätter von 4 großen Rosenblüten und entferne davon die weißen Stellen, binde sie nun in ein sauberes weißes Tüchlein. Lege dann das Tüchlein mit den Rosenblättern in einen weißen Wein des Inhalts von einer Bouteille, gut verschlossen, und lasse es sieben Tage darin. Nehme es nach sieben Tagen wieder heraus und gieße nun noch eine Flasche weißen Wein hinzu und gebe auch noch einen oder zwei Löffel Zuckerwasser oder besser noch Honig dazu und mische alles gut um."

Schloßpunsch

Rezept vom Kollegen Hofkoch Brunfaut dem Älteren, aus der königlichen Hofküche im Stadtschloß am Lustgarten!

1 Flasche Weißwein (Rhein, Mosel, Saar oder Ruwer),
1/8 l hochprozentiger Rum, 200 g Feinzucker,
75 g Hutzucker am Stück, 1 kleines Stück Zimtstange

Feinzucker in 1/3 l aufkochendem Wasser auflösen. Weißwein dazugießen und das Stückchen Zimtstange in den Punsch einlegen. Das Stück Hutzucker wie bei der Feuerzangenbowle über dem Punschgefäß plazieren, mit Rum begießen und anzünden, so daß die Flambieraromen in den Punsch eintröpfeln. So den Rum nach und nach einlaufen lassen.
Es ist Usus den Punsch im Winter heiß zu trinken. Im Sommer genießt man ihn gekühlt.

Waldmeisterbowle

Eine nostalgische Erinnerung wohl manchen alten „Laubenpiepers" (Kleingärtners) an die Zeiten vielleicht in Treptow oder Grünau, oder an schöne Sommerstunden bei *Zenner, In der alten Abtei* oder im Kaiserbad.

In 2 Flaschen Mosel- oder Rheinwein legt man ein schönes frisches Sträußchen Waldmeister-Maikraut, das den unnachahmlichen Duft und Geschmack verleiht. Die Pflanze wächst wild in Laubwäldern und auch in Gärten und soll noch vor der Blüte geschnitten werden. Sie enthält den Duftstoff Kumarin, der nach einer halben Stunde Lagerung im Wein der Pflanze entzogen ist.

Nachdem das Waldmeistersträußchen herausgenommen worden ist, setzen Sie dem Wein Läuterzucker (in Wasser aufgekochter Kristallzucker) hinzu, aber nicht zuviel, damit die Bowle nicht zu süß wird. Abschließend geben Sie 2 Gläschen Kognak und eine halbe Flasche Sekt hinzu; mit einigen entkernten Orangenscheiben erhöhen Sie noch den Wohlgeschmack. Die Bowle zugedeckt gut durchgekühlt servieren.

Der Name Bowle bedeutet ursprünglich Bolle, das ist das kugelförmige Gefäß, in dem das Mischgetränk hergestellt wird.

Man kreierte früher auch Blumenbowlen, z.B. Veilchen-, Rosen- und Akazienbowle, was heute kaum noch bekannt ist. Die Herstellungsmethode ist die gleiche.

Auch kannten die alterberliner Laubenpieper eine Selleriebowle, für die man rohe Sellerie ausziehen ließ, die vor dem Servieren herausgenommen wurden. Ebenfalls untergegangen ist die Mode der früher sehr bekannten Gurkenbowle, die man unter Verwendung von Rotwein zubereitete.

Notizen & weitere Rezepte:

VERZEICHNIS DER REZEPTE

KALTE UND WARME SUPPEN

EINFACHE MAHLZEITEN

GEMÜSE- UND KARTOFFELGERICHTE

EIERSPEISEN

FISCHGERICHTE

MAHLZEITEN VON SCHLACHTFLEISCH UND GEFLÜGEL

KALTE SPEISEN

NACHSPEISEN

BACKWERK

GETRÄNKE

Wenn Sie sich für weitere Bücher aus unserem Verlag interessieren, schreiben Sie uns oder fragen Sie Ihren Buchhändler. Nachdem Sie dieses Buch kennengelernt haben, werden Ihnen sicher auch unsere anderen Titel zusagen.

Weitere Titel aus unserer Landschaftsküchen-Reihe

... mit Leineneinband:
Das Kochbuch aus der Eifel
Das Kochbuch aus Franken
Das Kochbuch aus Hamburg
Das Kochbuch aus Hessen
Das Kochbuch von der Mosel
Das Kochbuch aus München und Oberbayern
Das Kochbuch aus dem Münsterland
Das Kochbuch aus Niedersachsen
Das Kochbuch aus Ostfriesland
Das Kochbuch aus der Pfalz
Das Kochbuch aus dem Rheinland
Das Kochbuch aus dem Saarland
Das Kochbuch aus Schleswig-Holstein
Das Kochbuch aus Schwaben
Das Kochbuch aus dem Schwarzwald

Das Kochbuch aus Niederösterreich
Das Kochbuch aus dem Burgenland
Das Kochbuch aus Tirol

Das Kochbuch aus der Schweiz
Cooking in Switzerland
Das Kochbuch aus dem Bernbiet
Das Kochbuch aus Graubünden
Das Kochbuch aus der Innerschweiz
Das Kochbuch aus dem Tessin
Das Kochbuch aus dem Wallis
Das Kochbuch aus Zürich

... mit Holzlöffel:
So kochten wir in Mecklenburg-Vorpommern
So kochten wir in Sachsen
So kochten wir in Westfalen

Erfolgreiche Einzeltitel:
Das Brotbackbuch
Das Jagdkochbuch
Das Leerkochbuch
Endlich Spargelzeit
Ich hab' Dich zum Fressen gern
Der Mensch lebt nicht vom Boot allein